suhrkamp taschenbuch 685

Gertrud Leutenegger, Jahrgang 1948, wurde in Schwyz geboren und ist dort aufgewachsen. 1976 begann sie das Studium der Regie an der Züricher Schauspielakademie und war 1978 Regieassistentin in Hamburg. Gedichte waren ihre ersten Veröffentlichungen. Mit »Vorabend« (1975) und »Ninive« (1977) legte sie vielbeachtete Romane vor. 1978 erhielt sie den »Preis der Klagenfurter Jury« des Ingeborg-Bachmann-Preises, 1979 den »Meersburger Droste-Preis für Schriftstellerinnen«.

Dies ist die Geschichte eines Wiedersehens, einer Nacht, einer Liebesbeziehung, ein Stück Lebensgeschichte.

Es ist aber auch die Geschichte eines Wals, der zur Weltsensation wurde: zum ersten Mal gelang es, einen Riesenwal in seiner ganzen Größe zu konservieren. Auf einem Eisenbahnwagen wird er transportiert und auch hier, an der Peripherie eines Dorfes der Innerschweiz, zur Schau gestellt. Beide sind sie hergereist, um den Wal zu sehen und das Dorf ihrer Kindheit, »Fabrizio und ich«, um hier die Nacht zu verbringen, wachend, schlafend, aufwachend, redend, sich erinnernd, und immer die Umrisse des Ungetüms vor Augen. Die Visionen hören nicht auf, denn »der Wal hat uns nicht endgültig verschlungen, wir haben noch einmal den Feuerregen über den Städten abwenden können und die brandig schwarze ausfasernde Kriegswolke vom Horizont vertrieben. Noch einmal stehen wir im Sonnenaufgang und hören die Stimme: Und mich sollte nicht jammern Ninive, eine so große Stadt, in der mehr als hundertzwanzigtausend Menschen sind, die nicht wissen, was rechts oder links ist, dazu auch viele Tiere?«

Gertrud Leutenegger
Ninive

*Roman*

Suhrkamp

suhrkamp taschenbuch 685
Erste Auflage 1981
© Suhrkamp Verlag Frankfurt am Main 1977
Suhrkamp Taschenbuch Verlag
Alle Rechte vorbehalten, insbesondere das
des öffentlichen Vortrags, der Übertragung
durch Rundfunk und Fernsehen
sowie der Übersetzung, auch einzelner Teile.
Druck: Nomos Verlagsgesellschaft, Baden-Baden
Printed in Germany
Umschlag nach Entwürfen von
Willy Fleckhaus und Rolf Staudt

2  3  4  5  6  7  –  91  90  89  88  87  86

*Ninive*

Wir haben uns noch nicht daran gewöhnt, in
der nun den Platz beherrschenden Nacht die
Umrisse des Ungetüms zu erkennen. Es war,
gegen Mitte des vergangenen Tages, hier an der
Peripherie des Dorfes, auf einem der denkbar
größten Eisenbahnwagen herangefahren worden. Nur unter der zähen Anstrengung aller aus
der ganzen Umgebung herbeigeeilten Bahnarbeiter war es gelungen, den Waggon auf eines
der wenigen Rangiergeleise, der sogenannten
Stumpengeleise, des kleinen Bahnhofes abzu-
schieben. Nach diesem Manöver hockten die
Arbeiter erschöpft herum. Die heiße Luft zer-
brach über den Schienenschwellen in Flimmer-
stückchen. Die Arbeiter starrten auf die schwarze Masse des Ungetüms, Flüche unterdrückend,
benommen von den Dünsten ätzenden Forma-
lins, mit dem man die riesenhafte Tierleiche
überschüttet hatte, sie wäre sonst zerfallen, sie
hätte nie diese gewaltsamen Reisen durch alle
Länder überstanden. Beim Anblick der erschöpf-
ten Arbeiter stockten den Dorfbewohnern die
Vorwürfe im Mund, die sie an die Verantwort-
lichen des Rangiermanövers hatten richten wollen. In Massen waren sie aus dem Zentrum des
Dorfes herausgeströmt, aufgebracht die einen,
daß diese Sensation sich nicht auf dem Hauptplatz, sondern hier vor der schäbigen Kulisse

eines Außenbahnhofes abspielen sollte, die andern verbargen ihre Enttäuschung herablassend, wundersüchtig aber die meisten. Die eingeschworene Meinung aller, daß sich Außerordentliches und Bedeutendes im innersten Bannkreis des Dorfes zu ereignen habe, war mißachtet worden. Der Hauptplatz unterhalb der Kirche, sonst Szenerie der aberwitzigsten und feierlichsten Geschehnisse, lag verlassen. Dafür drängten sich die Massen nun an der Peripherie, wo unverhofft der Schein einer noch nie dagewesenen Attraktion aufflog. Unter leisem Klirren, unter hin und wieder scherbelnden Lauten, wurden vor den Schaulustigen die Glaswände aufgerichtet, sehr hohe Wände, die von allen vier Seiten her gleichzeitig in die Höhe gestemmt werden mußten. Das die Fläche des Eisenbahnwagens überquellende Ungetüm spiegelte sich in den langsam empor schwankenden Glaswänden. Vielen erschien es wie eine Kreuzerhöhung. Fehlten die Schächer? So waren sie damals an der Schädelstätte gesessen. Dann standen die Glaswände fest und wirkten so durchsichtig wie feinste Luftabgrenzungen. In diesem gläsernen Sarg lag das Ungetüm da, größter Sichtbarkeit preisgegeben, ein monumentales Ausstellungsobjekt. Den ganzen Tag über, bis in die Nacht hinein, hatte sich die Menge herumgetrieben oder vor den Pappwänden angesammelt, die sich rund um den Ausstellungsbezirk zogen und an denen Fotomaterial, ausführliche Informationen, vergleichende Untersuchungen und Testergebnisse angebracht waren. Als vom finster bewaldeten Berghang hinter den Rangiergeleisen die ersten langen Schatten fielen und Einzelne sich schon fröstelnd aus den scharfen Umrissen zu lösen begannen, um in der letzten Helle nach Hause zu gehen, kamen Fabrizio und ich mit dem Zug an.

# Erstes Kapitel
## *Die Ankündigung*

Es wurde eine von manchmal kurz auseinander-
fahrenden Wolken erhellte Nacht. Vor der er-
drückenden Nähe des so unruhig erwarteten
Anlasses unserer gegenseitigen Reise hatte uns
plötzlich eine gewisse Mühe des Sprechens befallen. Ohne weiter aufeinander zu achten,
mischten wir uns, mit einer flüchtigen Verwir-
rung im Gesicht, unter die letzten den Platz Ver-
lassenden und sahen uns dann fremd in die
Augen, als wir allein vor den Glaswänden standen, durch nichts als diese Illusion der Trans-
parenz von der gigantisch aufgetürmten Verwesung getrennt. Fabrizio lief mit abgewendeten
Augen etwas zurück und stapelte ein paar der
abseits liegenden Sacktuchballen zu einem Sitz-
platz aufeinander. Auf den ersten Ausstellungs-
etappen hatte man die Glaswände nachts noch
mit Sacktuchdecken verhangen, um Eingeschli-
chenen die Besichtigung zu verwehren. Da sie
aber von der Bevölkerung als erbärmlicher Überrest früherer Bevormundung immer wieder
heruntergerissen worden waren, hatte man
schließlich darauf verzichtet, man fand sie jedoch
immer noch in jeden Ausstellungsbezirk hinein-
geschleppt, sei es als lächerliche Erinnerung an
untergegangene Gewohnheiten, sei es als latente
Warnung. Wir sitzen auf den alten Hüllen des

Wals! rief Fabrizio plötzlich, und ich drehte mich verwundert um, denn in seiner Stimme klang etwas Neues mit. Aber er winkte mir nur, mich auf die Sacktuchballen zu setzen. Inzwischen war es völlig Nacht geworden. Wir werden eine merkwürdige Nachtwache verbringen, sagte ich zu Fabrizio. Ich schaute sein im Dunkel weißes Gesicht an. Ich wußte, daß ich schon litt unter der anwachsenden Stummheit, aber auch unter der Kurzlebigkeit dieser einen Nacht, die uns mit den süßen Schrecken ihres Vergehens bedrohte und zu gewaltsamen Lösungen verführte. Und wir könnten nicht klaren Herzens die Frühe sehen.

Wir waren noch nie hierher zurückgekehrt, wo wir aufgewachsen sind, um hier die letzten, grausamsten und krausesten Abweichungen unseres Lebens miteinander zu versöhnen, sondern um die Strenge unserer geheimen Geschichte wiederzufinden. Wie wir uns fremd werden, wenn wir hierher zurückkommen, sagt Fabrizio. Vielleicht haben wir auch diese geheime Geschichte erfunden? Vielleicht haben wir die lange Reise hierher gemacht, um zu erfahren, wie wir leben werden, wenn Vorwand um Vorwand unseres erblindeten Daseins sich hinausschiebt in die Nachthelle. Fabrizio und ich hatten geschwankt, ehe wir uns entschließen konnten, einander hier zu treffen. Fabrizio mißtraute solchen Treffen. Er fürchtete jede Übersteigerung in unserem Willen zur Klarheit, mich hielt die

Scheu, mit unserem Vorhaben den Anfang eines zu großen Verlustes vorzubereiten. Immer unübersehbarer aber erreichten uns die Berichte über das Nahen der Massenattraktion, deren zugleich widerwärtige und anziehende Wirklichkeit wir gern aus unserem Denken fallen gelassen hätten. Die Gerüchte, die erst da und dort aus dem Nichts aufglimmten und die Zuverlässigkeit der Zeitungsmeldungen untergruben, gewannen immer mehr die Gestalt sachlicher Kommentare, faktentreuer Aufschlüsselungen, deren unerwartete Nüchternheit auch die Gegner der Massenveranstaltung aufhorchen ließ. Eines Tages schrieb ich Fabrizio: Laß alles liegen und komm. Wenn wir jetzt nicht aufbrechen, um das selbst zu sehen, was schon unsere Kindheit als gewaltiger und trüber Schatten ins Zwielicht zog, so tragen wir ein Stück Blindheit in die nächste Zeit. Fabrizio reiste ab, vor ein paar Stunden trafen wir uns im Zug, nun sind wir da. Der Platz zeigt noch Spuren der massenweisen Besichtigung. Weiße Pappbecher scheppern, von einem kurzen Luftzug gewendet, ziellos auseinander, ausfließender Kaffee versickert trüb unter den Sacktuchballen, die Kinder haben in ihrer drängenden Begeisterung den Zaun um das Kassenhäuschen herum eingedrückt. Wir sitzen abwesend nebeneinander, vor uns nichts als die Nacht, nichts als der Glassarg, in dem eine uns in ihren Ausmaßen verwirrende Leichenmasse den endgültigen Verfall erwartet. Oder könnten wir sie wieder erwecken?

Ich würde den Anblick nicht ertragen, sage ich, wenn die Glaswände nicht wären. Etwas Ungläubiges fliegt Fabrizio kurz übers Gesicht. Aber lassen die Glaswände nicht eine hauchdünne Verdoppelung des Sehens entstehen? Dies beruhigt die Abneigung in uns. Es trennt uns ein wenig vom Wal. Und doch schmerzt uns sonst dieses Getrenntsein. Dieses doppelte Leben, das wir führen. Wir sind nicht nur da und schauen, sondern wir wissen auch, daß wir da sind und hinschauen, und was machen wir mit diesem Wissen? Mit diesem Überfluß, auf den wir nicht mehr antworten können, der sich wie Nachtluft um unsere bezwingendsten Lichtordnungen legt. Oder ist dieser Überfluß nichts Dunkles, und wir tappen darin so sehr im Richtungslosen, weil uns von dort her etwas erreicht, von dem wir geblendet werden? Noch sehen wir kaum durch den Glassarg hindurch, sind noch kaum in die Masse des Wals eingedrungen. Wann können wir schon uns selbst durchschaubar sein wie in einem erleuchteten Glassarg? Das habe ich mir sehr gewünscht, gleich am Anfang. Als wir aus dem Zug ausgestiegen sind und ich mich aufatmend unter die Menge mischte und mich noch nichts vom Informativen, vom Untersuchungswert der Ausstellung erreichte, sondern nur diese Gerüche, das Gedränge, das Gewoge! am Anfang hatte mich gleich ein einziges Bildchen von den Pappwänden her magnetisch angezogen, unscheinbar betitelt: Ende eines Walfängers im Eismeer. Eine menschliche Gestalt, aufrecht stehend

14

im Innern der Eisschichten, nach Jahren erst gefunden, eingefroren wie eine Fliege im Bernstein.
Fabrizio sah mich vor der Pappwand stehen und
zog mich weg, was hängst du an diesem Still-
gefrorenen, und für Sekundenschnelle erschrak
ich selbst. Wie rasch fallen wir von der Erkennt-
nisstille ins Totenreich.

Fabrizio ist angesteckt vom Tumult, wie das
hoch hergeht! ruft er. Ich sehe ihn schon mit
knallfarbigem Glanzpapier umwickelte Zuckersteine in die Luft werfen, haufenweise, es ist dies
zwar keine Fasnacht hier, aber die Fasnacht war
das einzige, was früher Fabrizio vergessen ließ,
daß er sich nicht den Kindern des Dorfes zuge-
hörig fühlen konnte. An einer Kinderfasnacht
hat er mir das erste Mal die Hand unter das zerknitterte Hemdchen gelegt. Ich war, bis zu den
Knien hinauf naß vom Schneematsch, durch das
von trüben Flocken verhangene Dorf zum Schul-
haus an der Herrengasse gekommen. Da wir
abseits wohnten, hatte ich allein über den Hauptplatz laufen müssen. Mit Stolz begehrte ich
alle Bewunderung für meine Verkleidung, bemerkte jedoch mit Herzklopfen, daß die mir
bekanntesten Leute achtlos vorbeigingen und
fremde Gesichter sich im Kreis um mich schlossen. Sie lachten und zeigten auf mich und
zupften mir da und dort immer heftiger an
den angenähten kleinen Schellen. Ich begann
rundum zu klingeln, ohne daß ich wollte. Das
Gewand, in das ich hineingeschlüpft war, schien

zu einem eigenen klingelnden schellenden Leben
erwacht zu sein, ich wußte nicht mehr, wo ich
war, hilflos hastete ich aus der mich umstehenden
Menge davon und fiel hin. Das Purpurrot der
Wangen lief mir, von Schneeregen und Tränen
aufgeweicht, in dünnen Streifen den weißen
Halskragen hinunter. Ich flüchtete ins Schul-
hausinnere, in das die Kindergarderobe verlegt
worden war, unten im Kellergeschoß, auf der
einen Seite für die Knaben, auf der anderen
für die Mädchen. Mit halb blinden verklebten
Augen tastete ich mich die Treppe hinunter, als
mein Gewand plötzlich wieder zu glöckeln und
zu schellen anfing. Ein abscheulicher, tiefschwar-
zer Tintenfisch kreiste mit schlappernden Armen
und schwerfälligen Sprüngen um mich herum.
Erstarrt rührte ich mich nicht. Der Tintenfisch
schien nun doch ein wenig verdutzt. Das gummi-
artige Schlenkern der Fangarme lief in ein ner-
vöses Zittern aus. Die rotglühenden Taschen-
lampenaugen verharrten in schiefer, fragender
Haltung. Nichts bewegte sich im Gang, nur von
weit her, wie von Pappmasken und Tücherver-
mummungen gedämpftes Schreien und Kichern
erreichte mich noch. Aus den schwarzen Gesichts-
fransen des Tintenfisches löste sich ein bräunlich
blasses Knabengesicht, zwei dunkle erstaunte
Augen auf mich gerichtet. Hast du Angst? fragte
er, mich angestrengt betrachtend. Dann, in einem
plötzlichen Einfall: Soll ich dir die Backen an-
malen? Komm! Noch etwas benommen wurde
ich von dem Tintenfisch fortgezogen. Ich stand

unversehens unter der Tür der Knabengardero-
be. Der ganze Raum war in eine schwache röt-
liche Beleuchtung getaucht, die Vorhänge vorgezogen, die von scharlachfarbenem Kreppapier
überhängten Glühbirnen schwankten leise unter
den durch die Luft fliegenden Kleidern und
den Konfettiwürfen der raufenden Knaben.
Eine schüchterne Erregung erfaßte mich. Die
Luft war voll von schneenassen Schuhen, von
Schweiß, und vom Weiß der Orangenschalen,
das die Buben zwischen den Zähnen kauten. Mit
weitoffenen Augen stand ich mitten unter den
nackt über die Bänke kriechenden oder in den
Ecken Komplotte schmiedenden Knaben. Ich
war in ein verbotenes Inneres eingedrungen. Der
Knabe vor mir drehte fast sorgfältig mein Kinn
hin und her und rückte mein Gesicht in die
schwache Beleuchtung, um die frisch aufgetra-
gene Farbe zu prüfen. Dann steckte er mir auf
einmal die Hand zwischen mein halbzugeknöpf-
tes, aus weißroten Stoffrestchen zusammenge-
setztes Kleid, legte sie auf die bloße Haut, du bist
ja ganz naß! rief er streng, und seine Augen
lachten vor Triumph. Wie heißt du? fragte ich.
Fabrizio, sagte er. Wie? Fabrizio. Und mit ver-
kniffenen Augen: Fabrizio, weil meine Mutter
in der Fabrik ist.

Später hat Fabrizio manche Fasnacht gemieden.
Das seid ja doch nur immer ihr Dörfler, die ihr
alle Narrenrechte an euch reißt, sagte er ab-
schätzig, das sind doch nur die Mehrbessern, die

17

auf der Terrasse des Weißen Rößli mit ihren
imponierenden Orangenharassen die Dorfgou-
verneure spielen. Nur das zur Fasnachtszeit um-
gestürzte Dorfbild mochte er, die Menschenan-
sammlungen, die beschwörenden, wie aus ver-
jährtem Wintereis brechenden Trommelwirbel.
Was wäre die Fasnacht ohne den aus den hintersten Schlupfwinkeln anwachsenden, um die
verführerischen Spukgestalten auf und nieder
wogenden Volksauflauf. Was wäre dieses Ungetüm hier ohne seinen Widerschein in der Menge?
Ein trügerischer Glanz geht von ihm aus. Wir
sitzen wach in der Nacht, nur so können wir uns
retten. Doch wüßten wir um diesen Glanz und
seine Verführung nicht mehr, versänke der
Grund unserer Reise, versänken das Ungetüm
und der Glassarg und wir selbst mit ihm. Doch
noch sitzen wir da, aber freudlos, Fabrizio und
ich, ein Geruch von Verwesung hängt in der Luft.
Dies ängstigt uns.

Warum hast du mich vorhin weggezogen, Fabrizio, von der Pappwand mit dem gläsern
eingefrorenen Fänger im Eismeer? Fabrizio
aber drängt sich durch den eingedrückten Lat-
tenzaun des Kassenhäuschens hindurch, um
eines der Flugblätter zu erwischen. Die Ankündigung! ruft er, springt damit in ein paar
Sätzen herüber, breitet sie mir auf den Knien
aus. Es ist derselbe Text, der auch in der Zeitung schwarzumrandet erschienen ist: In den
nächsten Tagen wird der längst angekündigte

Riesenwal in die Innerschweiz kommen, und zwar wird er ausgestellt von 9.00 morgens bis 20.30 abends. Das gewaltige Tier ist 23 m lang, wiegt rund 55 Tonnen und liegt auf dem größten Eisenbahnwagen Europas. Es handelt sich hier wirklich um eine Weltsensation, denn tatsächlich ist es nach langen und kostspieligen Versuchen nun zum erstenmal gelungen, einen ausgewachsenen Wal in seiner ganzen Größe zu konservieren. Unsere Bevölkerung dürfte sich diese einmalige Gelegenheit kaum entgehen lassen, das größte Lebewesen der Welt zu sehen. Um sich eine Vorstellung von dem Ungetüm zu machen, muß man sich vergegenwärtigen, daß 55 000 kg ungefähr dem Gewicht von 1 000 Menschen entsprechen oder einer Herde von 80 großen Ochsen. Das gewaltige Herz im Gewicht von 500 kg, welches in einem separaten Behälter unter Glas ausgestellt ist, hat eine Aorta von 45 cm Innendurchmesser mit einer Wandstärke von 4 cm. Wie andernorts haben die Organisationen mit den Schulen Spezialarrangements getroffen, so daß mit einem starken Aufmarsch der Jugend zu rechnen ist. Minderbemittelten wird der Eintritt sogar ganz erlassen. Die volkstümlichen Preise werden es jedermann ermöglichen, die Ausstellung zu besuchen. Der Walfisch, der in der gesamten Schweizer Presse weidlich für Aprilscherze verwendet wurde und Tausende von Gutgläubigen genasführt hat, wird nun also doch seinen Besuch wahrmachen. Allein in der Schweiz haben bisher eine Drittelmillion Menschen den

Riesenwal bewundert. Immerhin ist zu hoffen, daß unsere Bevölkerung nicht so aus dem Häuschen geraten wird, wie das da und dort im Schweizerland der Fall war. So zum Beispiel stellte die ungeduldig Einlaß begehrende Menge in Aarau ein Kassenhäuschen mitsamt der Kassiererin auf den Kopf, und in Langenthal turnten die in Begeisterung geratenen Zuschauer sogar auf dem Rücken des Walfisches herum, bis sie von der Ordnungspolizei wieder heruntergeholt wurden.

## Zweites Kapitel
### *Der Atemstrahl*

Wie eine weiße, in der Unbeweglichkeit des
Hochsommers aufquellende Dampfwolke, war
die erste Nachricht vom Auftauchen des Wals zu
mir gedrungen. Abgeschlossen in einem der
höchst gelegenen Gebirgsorte, der gegen das Ende
dreier Seen dunkelblau umschattet im Licht ruht,
horchte ich auf, als würde mir schon in den nächsten Tagen am Horizont der Atemstrahl des Ungetüms selbst sichtbar. Der letzte der drei Seen
fließt gegen die südlicheren Täler zu in eine
silbrig gewölbte Fläche über, die dort, wo die
Bergwellen beruhigt niedersinken, nichts mehr
als die Leere des Himmels spiegelt. An dieser
Stelle, die mich immer wieder in das auffliegende
Blau der Täuschung zog, es würde dort die Welt
aufhören, hätte ich gern das erste Blasen des
Wals, die verführerische Atemwolke, wahrge-
nommen. Ich war während meiner ersten Monate in dieser Gebirgsgegend manchmal in den
frühen Wahn zurückgefallen, von der natur-
haften Gewalt rund um mich Übereinkünfte und
Zustimmungen zu erhoffen. Unruhig war ich oft
an den See hinausgekommen, lang noch bevor
die ersten Einwohner schwer vom Schlaf durch die
Frühe gingen. Dann verstummte in mir alles,
vor dem See, vor dem Heraufzittern des Lichts,
vor dem hörbaren Wehen um die noch scharf im

Schatten stehende Marmorè. Hie und da glöckelten ein paar aus der Nachtruhe aufgeschreckte Kühe von Isola über das Wasser herüber. Es war ein lautloses Ringen mit der aufstrahlenden Gleichgültigkeit der Welt. Ein Hineinerwachen ins Fremde und in die abgelegensten Vertrautheiten. Einmal, als ich mich umwandte, kam mir der alte Bernstein entgegen und schaute mich an, als trüge ich eine Verwandlung im Gesicht.

Bernstein verließ sonst kaum mehr das Arbeiterhaus. Der langgezogene Bau mit seinen geräumigen Zimmerreihen war ihm zur eigentlichen Landschaft geworden. Nur hinter dem Haus, zwischen den dicht stehenden Lupinen, die wie Lichtkerzen schwankten in dem vom Berghang verschatteten Garten, sah man ihn öfters. Oder man erschrak an seinem Gesicht, bewegungslos hinter dem Holzgitter des verfaulenden Gartentors. Das Tor war stets offen, aber sein Gesicht verriet kein Verlangen hinauszugehen, auf die Straße, ins Land hinein, er war abwesend nach innen beschäftigt. Als ich vor Jahren hier ankam, gelang es mir erst nach Tagen, aus dem Haus hinaus ins Freie, gegen das Gebirge zu gehen. In äußeren Dingen noch abhängig von Bernstein, innerlich mich mit seltsamer Schnelligkeit dem Beherrschenden seiner Lebensweise öffnend, hätte ich es nicht gewagt, ihm mein Eingeschlossensein vorzuwerfen. Zudem waren bei meiner Ankunft die Arbeiter für kurze Zeit fortgegangen, ins Flachland hinunter, einige in ihre Heimatdörfer jenseits der Grenze. Während der wenigen Monate des Alleinseins ließ Bernstein zwei große weiße Hunde von Isola herüberbringen, eine langhaarige ungebärdige Rasse aus der Maremma, er fürchtete Anschläge auf das Arbeiterhaus, das manchen Einheimischen immer mehr ein Dorn im Auge war. Nach dem ersten Frühstück sagte ich, noch ganz in der Erregung meiner Neugier, den Gebirgsort und das gegen den See hinüberleuchtende Land zu durchstreifen: Ich gehe hinaus. Bernstein schwieg. Dann sagte er in einem merkwürdig gleichförmigen Tonfall: Wollen Sie nicht morgen gehen, allein können Sie doch nicht hinaus, die Hunde würden sie zerreißen. So blieb ich den ganzen ersten Tag im Haus, etwas mir völlig Ungewohntes. Am andern Tag sah mich Bernstein an einem der Fenster stehen, er bemerkte wie nebenbei: Über den Seen liegt heute undurchdringlicher Nebel, wollen Sie nicht im Haus bleiben, Sie haben sich noch nicht an das Rauhe dieses Gebirgsklimas gewöhnt. Am folgenden Morgen sagte er, nachsichtig über den Frühstückstisch lächelnd: Möchten Sie vielleicht hinausgehen? Es wäre dies aber eine unnötige Belastung für Sie, in den Wäldern gegen Blaunca werden die Marder gejagt. Indessen führte mich Bernstein in die künstliche Natur der Landschaftsmalereien ein, die in stillen verblassenden Farben verschiedene Wandteile des Hauses bedeckten. Bernstein hatte ihre Restaurierung immer noch nicht abgeschlossen, er sann mit einer ans Schlaflose grenzenden Ausdauer über den einzelnen Farbstudien, führte

selber alle Versuche aus, allerdings immer mehr
von den zunächst desinteressierten Arbeitern un-
terstützt. Nur hie und da hatten sie die aus der
Bauzeit des Hauses stammenden und daher viel
zu aufwendigen Arbeitstechniken kurzweg abgelehnt, sich schließlich aber doch von den un-
ermüdlichen Erklärungen und Begründungen
Bernsteins einnehmen lassen. Es waren nicht nur
die Arbeiten in einzelnen Zimmern noch nicht
beendet, für manche Zimmer war auch das über-
einstimmende Mobiliar noch nicht gefunden worden, so daß sie nun wie leer standen. Am
meisten Kopfzerbrechen machte uns die Beleuchtung, fast überall hingen nur an heruntergelassenen Kabeln glasig strahlende Glühbirnen. Viele
der Arbeiter fühlten sich zunächst irritiert und
unwohl in den kahlen Zimmern. Die ungewohnte Strenge und zarte Nüchternheit des Hauses
verunsicherte sie. Zweifelnd standen sie oft vor
ihren Koffern, dachten, dieser und jener unnütz
eingepackte schäbige Zierat würde die Leere der
Wände beschwichtigen, manche der Frauen griff
auch verstohlen nach einem serienmäßig herge-
stellten Kleinbürgerschmuck und hielt ihn über
dem Bett vor sich hin. Aber das Haus duldete
nichts, das nicht seinem Wesen entsprach. Durch
die langen unauffälligen Gewöhnungen des Er-
wachens und Ausruhens in den ihm ganz eigenen,
fast durchsichtigen Raumstrukturen ließ es jedoch
seine Bewohner immer mehr in sich ein. Es fand
eine allmähliche Übertragung statt. Wir fingen
an, die Linien eines Raumes in uns nachzuden-

24

ken, uns beinahe ihnen entsprechend darin zu bewegen. Wir sind in eine neue Tyrannei geraten! spottete Tina eines Tages.

Als ich ankam, konnte ich in das Eckzimmer einziehen, das gegen das kleine Museum schaute, wo ich bald die Führungen übernehmen würde. Der kurze Verbindungsgang zwischen Museum und Arbeiterhaus, den Bernstein und ich endlich bei der Gemeindebehörde durchgesetzt hatten, und der es mir ermöglichen würde, die Führungen durch die Museumszimmer mit notwendigen Arbeiten im Haus zu verbinden, verkroch sich im Bergschatten, als wollte er sich erst langsam, unauffällig, ins Häuserbild des Ortes einfügen. Nach meiner Ankunft stand ich lange in dem wasserhell bemalten Zimmer. Die Wände waren von einem durchsichtigen fliehenden Blau. Sie öffneten sich vor mir wie die Illusion meines Zukunftsraumes. Eine verlockende Himmelsleere. Das Blau der Wände war umgrenzt von gemalten Fenstersimsen, streng und schmal, mit fiktiven Schatten. Je länger ich hinschaute, desto mehr lösten sich auch noch die letzten Mauerkörnchen auf, eine Weite schien sich um mich herum aufzubauen, in der nun die eigentlichen Fenster wie Blindfenster wirkten. Ich begann bereits herauszufallen aus den Zwängen einer einzigen, alles mit ihrer Gesichterlosigkeit erstickenden Wirklichkeit. Gleichzeitig aber hatte ich Angst. Angst vor dem schwindelnd offenen Raum vor mir, vor der Arbeit, in die ich eingewilligt hatte. Immer noch war ich nicht aus dem Haus gekommen, vielleicht hatte Bernstein befürchtet, die Gebirgs- landschaft könnte alles Wache in mir auslöschen, vernichten. Dafür hatte er mich in die Gegenden des Hauses eindringen lassen, in stundenlange Gespräche, in eine von unerbittlicher Herzens- klarheit beherrschte Welt, ich wußte schon, daß sie meinen Anfang hier beschützt hatte.

Am letzten Abend, bevor die Arbeiter, die Frauen und die paar Kinder eintrafen, rief mich Bern- stein noch spät in sein Zimmer. Es war nicht das Zimmer, das er damals, vor dem Einzug der Arbeiter, bewohnt hatte, jenes Zimmer hatte er seiner Geräumigkeit wegen für die Gemein- schaftsessen eingerichtet, es war ein anderes klei- neres Zimmer, mitten zwischen jenen der Arbei- ter und deren Frauen. Sein Arbeitstisch lag voll von Plänen und Skizzen verschiedener Arbeiter- siedlungen. Lithografien von älteren Siedlungs- projekten waren mit feinen Nadeln an die Wand gesteckt, so die Arbeitersiedlung einer Spinnerei in Winterthur-Niedertöss mit den Aufrissen des Waschhauses und des gemeinsamen Badehauses, dann die Eisenbahnersiedlung Weissenstein in Bern auf dem Weissensteingut zwischen der Schwarzenburg- und der Könizstraße, weiter Großsiedlungen in Altona, in Odessa. Als er mich rief, lag er schon im Bett, es stand in der Däm- merung, ich sah ihn nicht deutlich. Schauen Sie schnell! Wie weiß der Schnee über Blaunca im violetten Licht steht. Nur während einer ganz kurzen Zeit des Einnachtens kann man ihn so sehen. Ich wollte mich zum Fenster hinausbeugen, aber er rief mich zurück. Nein, dort! Er wies auf eine der Fensterscheiben, in der sich, nun sah ich es, für kurze Momente das aufflammende Schauspiel widerspiegelte. Dann erlosch der Schnee, der Himmel ergraute. Bernstein sah immer noch unverwandt zur Scheibe hin, als würde dort eine zweite, gläserne Welt versinken. Dann sagte er plötzlich: Sie haben doch nicht Angst vor morgen? Sie müssen Ihre innerste Kompetenz erkennen. Und sie kollektiv werden lassen. Darauf sagte er nichts mehr. Ich war schon unter der Tür, als ich nochmals seine gleichförmige Stimme hörte: Sie wissen, alles in uns, das nicht profan wird, ist scheinhaft.

Fabrizio vernahm damals wenig von meinen Anfängen im Arbeiterhaus, wenig über die Führungen im Museum. Als ich ins Gebirge reiste, brach eine Welt hinter mir ab. In den ersten Monaten verließ ich den Ort nie, rührte kaum Briefpapier an, über Telefonanrufe erschrak ich wie über das Eindringen von Toten. Oft stand ich in dem niedrigen weißgekalkten Gang des Museums und ließ bewegungslos gebannt das Schellen des Apparates verhallen. Erst mit dem Eintreten der Stille rührte ich mich wieder, aufatmend, ging erleichtert in die Museumszimmer zurück, erteilte verschwenderische Auskünfte, entzifferte die unleserlich gewordenen Papiere: nicht nur die vernunft von jahrtausenden, auch ihr wahnsinn bricht an uns aus. Ich schob die weißen Leinenvorhänge mit den schmalen blauen Streifen noch weiter zurück. Ein anderer, tieferer Horizont wuchs um mich. Dahinter war ich verschollen. Einmal schrieb Fabrizio: Du bist aber auch schon wieder so weit weg, daß ich mich nicht mehr richtig an Dich wenden kann. Und die Sache mit dem Arbeiterhaus, verbunden mit dem Museum, erscheint mir fast unglaubhaft. Dazu an diesem Ort! Seid Ihr Fantasten oder nicht. Oder lebt Ihr schon eine Zeit, die erst kommt? Die Führungen durch die geweihten Gemächer wirst Du ja inzwischen zu makelloser Geschliffenheit emporstilisiert haben. Zum Schluß eine ernsthafte Ermahnung: Lies nicht zuviel von diesem gottlosen Subjekt. In diesem Sinne F.

Später zog Fabrizio weg. Daß es eine Großstadt sein müsse, war eine unbedingte Vorstellung von ihm. Zudem möglichst weit weg, doch unter völlig anders sprechenden Leuten wollte er nicht sein. Von Anfang an beunruhigte ihn der Gedanke, von der Großstadt entwaffnet zu werden. Jedoch ankommen! Hellhörig und überwach, sich nicht durch Unverstehen schwächen, sondern nur durch das ganz Andersartige herausfordern lassen, jene Straßen zu finden, die uns zu den wirklichen aufbegehrenden Bewegungen der Stadt führen, ins Innere dieses Kolosses.

Fabrizio wurde von einer Kusine Bernsteins abgeholt. Die Stadt lag schon in halblauter Nachtstille. Die Verwandte Bernsteins chauffierte Fabrizio über die bläulich erhellten Plätze, durch schwärzere Alleen. Im Scheinwerferlicht sanken aus der Nacht heraus die Blätter vor den Wagen hin. Es war ein endgültiges lautloses Fallen. Bernstein, sagte die Frau versonnen, dieses Blätterfallen war das einzige, was ihn aus der Natur noch erreichte. Dann sagte sie, Fabrizio plötzlich anschauend: Sie können übrigens nicht bei mir wohnen, ich habe russische Emigranten bei mir, ich führe Sie nach Kreuzberg zu der Frau Golzowund, die freut sich sehr auf Ihr Kommen. Nach einer Pause: Sie ist blind. Seit über zwanzig Jahren. Aber sie wird Sie nicht in Anspruch nehmen. Sie lächelte mit einem kurzen prüfenden Blick vom Lenkrad weg zu Fabrizio hinüber. Sie brauchen nicht um Ihre Unabhängigkeit zu fürchten. An der Görlitzerstraße hielt der Wagen. Abzweigende Straßenschluchten öffneten sich, düstere verkommene Prachtsfassaden, die Frau ging Fabrizio durch den Hauseingang voran. Das Treppenhaus war ungewohnt hoch und schmal und führte in unüberblickbaren Windungen in die höheren Stockwerke hinauf. Es mußte hier früher eine bürgerliche Familie gewohnt haben, die nicht wie andere ihresgleichen durch das leicht Übertriebene der breiten Hausflure ihre Machtstellung bekundete, sondern den Eintretenden durch das schmale, sich jedoch nicht ohne suggestive Eleganz emporwindende Treppenhaus die schwer erkaufbare Zugänglichkeit fühlen ließ. In regelmäßigen Abständen hängende Lampen aus milchig grünem Glas warfen schwache Schatten, die sich übergangslos im bräunlichen Tapetenmuster der Treppenwände verloren. Die Symmetrie der dunkelbraun emporstrebenden Wandleisten verstärkte noch die Empfindung des Hinaufgehens. Nur da und dort hielten die nun abblätternde Tapete, der in den Stufenwinkeln verkrochene Schmutz, ein nachträglich ohne jede Sorgfalt gezogenes Kabel den Blick auf. Hier ist die Klingel, wandte sich die Frau an Fabrizio. Sie drückte ihm ein Glas schwarzbraun zerkochtes Pflaumenkompott in die Hand. Geben Sie das der Frau Golzowund, ich lasse Sie hier allein, sie hält etwas darauf, Ankommende allein zu empfangen. Die Frau verschwand das Treppenhaus hinunter. Nach einer Weile erlosch das Licht. Nur hin und wieder sah Fabrizio unruhig nach den im Scheinwerfer eines verspätet heimfahrenden Wagens weißlich aufscheinenden Lampen.

Endlich klingelte er. Hinter der Tür hörte er das kurze bestimmte Tasten von Schritten. Sie ging auf. Dahinter lag alles in Dunkelheit, nicht nur vom Treppenhaus her, auch aus der Wohnung heraus faßte sie Fabrizio an. Er konnte die schmächtige Gestalt der Frau Golzowund kaum erkennen. Nur das Weiß ihrer Haare gab ihr eine leise Kontur. Ach! Kommen Sie, kommen Sie! rief sie mit einer etwas zu großen Lebhaftigkeit aus, suchend griff sie nach Fabrizios Koffer. Was müssen Sie müde sein! Sie kommen aus der

Schweiz? Wie? Sie sprach heftig und rasch, manchmal mit einem über sich selbst erschrockenen, schrill abbrechenden Lachen, dann wieder in eine Fabrizio einschüchternde Härte fallend. Sie eilte hin und her. Er sah jetzt, langsam, in der Küche den Dampf des Teewassers wolken, Frau Golzowund stand in dem glitzernd sich auflösenden Dunst. Fabrizio, der mit Mühe auf die ihn überschüttenden Fragen zu antworten versucht hatte, wurde nun still und verfolgte die Gestalt im Zwielicht. Sie schob die Hände mit dem aufgeschnittenen Brot vor sich hin, Fabrizio entgegen, daß er es auf den Tisch trage. Ihm war, sie winke ihm auf der Schwelle zu einer Welt, die er bis jetzt geleugnet hatte. Da weckte ihn die plötzlich hilflose Stimme der Frau: Sind Sie hier? Er ergriff das Brot, trug auch die langen blaßgrünen Dillgurken hinüber, die Eier, das Töpfchen Gänseschmalz. Er fand schließlich auch einen Lichtschalter und drückte darauf, ängstlich, die Frau könnte es hören, er schepperte übermäßig mit der Teetasse dabei. Er erschrak über die Armseligkeit des Raums. Ein schmutziges Tuch hing starr vom Tisch ab, nur die zwei hochlehnigen Sessel auf beiden Seiten mit den breiten geschnitzten Armstützen standen lächerlich prunkvoll da, abgestoßene Requisiten einer unablässig zur Repräsentation drängenden Welt. An der Wand ein Ölgemälde, Katharina Frau von Golzowund 1789, ein traurig lächelndes Gesicht, halbverdeckt von einem durchsichtig schwarzen Schleier, zu dem die apfelrote Landfarbe der Wangen seltsam kontrastierte. Ich habe eine kleine Wohnung, müssen Sie wissen, sagte die Frau schnell, als spürte sie, daß sich Fabrizio umsah. Die Wohnung war früher viel größer, sie ist abgeteilt worden, es sind jetzt Sozialwohnungen hier, Kriegsbetroffene sind da, Verarmte, Ausgebombte. Setzen Sie sich doch! Vielleicht haben Sie die Güte, mir den Tee einzuschenken? Erst am Tisch, die Hände um den Teewärmer legend, als würde sie hier Beruhigung empfangen, flog ein erstes weiches Lächeln um ihre welken Augen. Sie neigte den Kopf flüchtig vor und in plötzlicher Angeregtheit (sie sah sich wieder unter einem Hin und Her von Stimmen, von erhobenen Gläsern) sagte sie: Bei uns in der Mark Brandenburg gab es eine alte Redensart, je später der Abend, desto schöner die Gäste. Und wieder redete sie sehr viel, als könne sie nur so Fabrizio in ihren Kreis bannen. Sie dürfen, sagte sie, sich in diesem Zimmer einrichten, wie Sie wollen. Es wird Sie doch nicht stören, wenn wir gemeinsam hier essen? Fabrizio war etwas verwirrt und fragte, wo sie denn schlafen werde, er hätte doch außer der Küche keinen andern Raum mehr gesehen. Sie lächelte. Sie kennen die grausamen Raffinessen der alten Bürgerhäuser nicht. Gleich neben der Küche ist eine schmale Tür, dahinter führen ein paar Stufen auf einen kleineren Boden, ein früher fensterloser Raum, das war die Dienstmädchenkammer. Da bin ich. Ich mag diesen kleinen Boden, wo mich nichts Überflüssiges stört. Sie verstehen, wegen meiner Blindheit. Ich lebe nur mit dem Notwendigsten. Alles übrige ist mir Ballast. Sie hatte aufgehört zu essen und legte wieder wie schutzsuchend die Hände um den Teewärmer. In einem leisen, fast entschuldigenden Ton fügte sie hinzu: Ich habe die Hausverwaltung gebeten, mir nur ein Fenster auszuschlagen. Ich wollte ein Fenster ohne Jalousien, ohne Vorhänge. Und mit entschiedener Begeisterung schloß sie: Wenn die Helle so ganz ins Zimmer fällt! Ich liebe das sehr. Dann brachen sie vom Tisch auf. Frau Golzowund bat Fabrizio, seinen Koffer in ihren Schlafraum hinauf zu bringen, damit er sich im Eßzimmer ganz wohnlich fühle. Fabrizio stieg die paar Stufen in die Dienstmädchenkammer hoch. Er mußte einen hinter der Küchentür versteckten Lichtschalter anknipsen, aber er sah nichts vor herzklopfender Scham, daß er in der Abwesenheit und sprachlosen Zerstreutheit des Ankommens versäumt hatte, einen Zimmertausch vorzuschlagen, obwohl er irgendwie ahnte, daß er damit die Frau höchstens erstaunt, vielleicht sogar in einen spöttischen Unwillen gebracht hätte. Er lief wieder hinunter, er vergaß das Licht zu löschen, dann sagten sie sich gute Nacht.

Fabrizio lag im Eßzimmer, in dem noch die Gerüche des Abendbrotes hingen. Der Platz, an dem Frau Golzowund gesessen hatte, war voller Brotkrümel, die aufgeweicht in verschüttetem Tee lagen. Undeutlich sah Fabrizio darüber die vom Schleier unbedeckte Hälfte des schneeigen Gesichts mit dem apfelfarbenen Wangenrot stehen. Die andere Gesichtshälfte, eingetaucht in die Schwärze des Zimmers, schien schon nicht mehr von dieser Welt zu sein. Doch das halbe Lächeln mit dem einen flachgemalten Auge, aus dessen punktartiger Rundung die schwarze Leinwand selbst durchzublicken schien, irritierte Fabrizio nur noch mehr. Wohin war die andere verschattete Gesichtshälfte verschwunden. Fabrizio konnte keinen Schlaf finden. Von Zeit zu Zeit setzte er sich auf und sah sich mit Widerstreben im Raum um. Er hing zu sehr an allem Sichtbaren, an den durch die Augen auf uns zustürzenden Dingen, an ihren uns erzürnenden oder begeisternden Verwandlungen, an dem Betrug ihrer Entfernung. Hier aber hatte sich nichts als die Blindheit der Frau Golzowund versammelt und reizte Fabrizio durch etwas unbewegt Erbärmliches. Fabrizio spürte das Anwachsen einer bitteren Ablehnung in sich. Daß dies Leben heißt, das solches zuläßt.

Bevor es Morgen wurde, verunsicherte ihn ein dünner Lichtstreifen unter der Tür, von dem er nicht wußte, ob er immer schon dagewesen war. Er stand auf, ging hinaus. Der Lichtschein fiel aus der nur angelehnten Tür, die zum Boden der Frau Golzowund führte. Fabrizio erschrak. Wenn er das Licht nicht ausgeknipst hatte, so brannte es also immer noch, langsam bewegte er die angelehnte Tür und sah zu dem Bett hinauf. Frau Golzowund schlief im grellen Lampenschein. Sie schlief in ihrem umhüllenden Wahn, wußte sie denn etwas von dem, was außerhalb ihrer Blindheit sich zutrug. Sie schlief an der Wand, jedoch seitlich in den Kissen aufgestützt, so daß ihr Gesicht Fabrizio direkt zugewandt war. Das Lid des einen Auges war etwas hochgezogen, der erloschene Blick darunter eine starre gefrorene Scheibe mit einem schwarzen Loch, das, geradeaus auf Fabrizio gerichtet, ihn in seine Lautlosigkeit hineinzog. Dicht neben dem Bett stand das Radio. Jetzt schwieg die Lautsprecherstimme. Auf der anderen Seite des Bettes schimmerte das Nachtgeschirr aus rahmfarbenem Porzellan mit einem dunkelroten Dahlienmuster. Fabrizio stand vor den paar aufsteigenden Stufen, er hätte nicht sagen können wie lange, im grellsten Lampenschein der Frau gegenüber. Fabrizio fühlte, wie nach und nach sein vorheriger bitterer Widerstand durchlässig wurde. Fabrizio sah sich plötzlich in einer Komplizenschaft mit dieser Frau, er sah, je tiefer er in ihr Leiden blickte, tiefer auch in alles um sich her. Dann überkam ihn eine Ermüdung. Er knipste mit einer langsamen Bewegung das Licht aus und legte sich schlafen.

Du hast mir wenig von jenen ersten Tagen erzählt, sage ich zu Fabrizio. Er zieht die Augenbrauen hoch. Und du erst! Wir schreiben uns selten Briefe. Wir haben aufgehört, in der Sprache einander einen Zustand vorzutäuschen, den wir noch nicht einmal am Rand betreten haben.

Oder unsere Unzulänglichkeiten in eine Versöhnung hinauszubauschen, über die wir erröten müßten, wenn wir uns sähen. Häufiger vielleicht schreiben wir uns ganz kurze Sätze, die einem rund und übermütig in die Hand fallen wie ein rotgesprungener Apfel, kurze Sätze, in einem Kuvert so groß zum Drumherumspazieren. Wie kommt das nur? Wir haben unsere früheren Freundschaften massenweise verbrieft. Jetzt aber locken uns diese Labyrinthe nur noch spärlich. Wir hungern nach einer anderen Konkretheit. Auch ist es schwer ausdrückbar, wie wir aneinander denken, und wo dies geschieht, und zwischen welchen Augenblicksfalten, und unter wie vielen Ereignissen, die uns übersprudeln. Die Gleichzeitigkeit des Gedächtnisses füreinander aber ist es, aus der dies weiße wärmende Licht um uns wächst, das wir nicht in kontinuierliche Briefsätze bringen können. Und lassen wir uns dennoch dazu verführen, schrumpft das Licht unter den Händen und fällt uns, ein toter Nachtfalter, aufs Blatt.

Auch ich habe in jenen ersten Tagen wenig an dich gedacht, sagt Fabrizio. Ich lief stundenlang durch die Straßen der Stadt. Vielleicht, hätte mich überhaupt jemand bemerkt, tat ich es mit halboffenem Mund, mit wahllosen Augen, vibrierend in den aufkreischenden Geräuschen, mir selbst immer dünner und unwesentlicher werdend und doch auf eine ganz neue Weise gegenwärtig. Mein Bewußtsein war eine Glasscherbe geworden, die wohl schnelle und heftige Trübungen reflektierte, in Erschütterungen zitterte, aber doch alles hindurch ließ, das Strömen der Dinge, den Schein von Fäulnis, das aufreizende Leben, die Gesichter, die Straßen hinein in den Abend. Wenn ich dann in die Wohnung der Frau Golzowund zurückkehrte, die im Dunkeln Brote und Teller herbeitrug, fiel ich bald in einen lähmenden Schlaf. Ich wäre gern ein Walfisch gewesen, um in diesen Koloß der Großstadt einzutauchen, alles Frühere an der Oberfläche zurücklassend, wie die Wale, wenn sie in der Tiefe der Meere verschwinden, ihren Stoffwechsel verändern, um sich den fernen Gegenden anzupassen. Monströs erschien mir doch auch manchmal mein Vergessen und wie eine Liebesanziehung so versenkbar geworden war. Einmal kam ich im Schlaf zu einem Ufer, viele meiner Geschwister und zahllose Verwandte saßen da und bewegten im Sitzen die Füße spielend in den Wellen. Alle waren in einer überglänzten festlichen Stimmung. Sie wandten mir auffordernd ihre Gesichter zu. Ich suchte mich ihrer Namen zu entsinnen, keiner fiel mir mehr ein, mehr und mehr irrte ich unter ihnen umher. Mühsam fand ich endlich die Worte, nach dir zu suchen, da nahm mich eine fremde Frau zu sich und ging mit mir mitten ins Wasser hinein, die Wellen schlugen über uns zusammen. Nah und warm spürte ich zuerst jede lebendige Bewegung der Frau, die mich führte, das schöne murmelnde Rauschen ihres Kleides unter den Wellen. Lang-

sam aber, fast fliegend im sinkenden Wasser, ver-
dünnten sich ihre Arme um meinem Hals, ich
versuchte immer vergeblicher sie zu halten, faden-
dünn wurden sie, zerflossen im Wasser, ich war
schon an den Rand des Wachzustandes geglitten.
Da sah ich dich plötzlich vor mir in der Wassertie-
fe. Du lagst reglos auf deinem Bett, das Leintuch
bis über den Kopf gezogen. Nur die stillen
Füße bildeten zwei kleine steilwandige Hügel
und die Erhöhung deiner Nase zeichnete schwache Falten in das weiße Leinen, das über den
Bettrand bis zum Boden hing. Ich wußte, daß du
es warst, mit der entsetzlichen Gewißheit, daß du
häßlich, krank oder in einer zerstörenden Anziehung unter dem Leintuch lagst. Ich wandte
mich um. Das Wasser stieg zum Ertrinken in mir.

Einmal hatte Fabrizio geschrieben, er habe aus
einer zerstörerischen Unruhe heraus, die ihn oft
in der Stadt mit sich riß und ihn in panischen
Zorn über sich selbst stürzte, Nachmittage lang
die Kollektivläden durchstöbert. In diesen Läden
an den Seitenstraßen, an den abgelegeneren
Plätzen, schrieb er, fühle ich mich aufgehobener,
klarer als am Kurfürstendamm, wo die Konsum-
gier, die Großkonzerne sich hinprotzen, wo alles
zu schnell um mich zirkuliert, zu hektisch sich ab-
wickelt, wo ich taub und innerlich schreiend in
der Warenlawine stehe. Alle diese Waren, be-
stechend im kurzen Moment des Kaufens, werden mir auf einmal spröd und fad und scheinen
doppelt überflüssig in den friedlos gesättigten

Mienen auf. In den Kollektivläden habe ich nach Postern gesucht, ich ertrage die leere Wohnung der Frau Golzowund nicht. Ich ertrage dieses letzte Wirklichkeit gewordene Dasein nicht. Das Unerbittliche ihres Lebens, das sich auf das Wichtigste reduziert. Ihr ständiges Ankommen, ohne die Traumrequisiten einer noch ausstehenden Erfüllung. Wenn ich mit ihr zu Abend esse, fühle ich mich von der totalen Präsenz in ihrer Blindheit oft vergewaltigt. Ich brauche die Perspektive. Den langen Atem. Fabrizio trug sich mit dem Gedanken, in eine Wohngemeinschaft in Moabit überzuwechseln. In einer Kreuzberger Kneipe hatte er einen hingestupften Zettel entdeckt: Wir suchen noch zwei Leute. Wir leben zusammen, wir kochen zusammen und arbeiten zusammen gegen die Bullen. Wer Geld braucht, nimmt es sich und sagt es den anderen, wenn es Probleme gibt, kann jeder ne Vollversammlung verlangen, auf der wir so lange reden oder uns anschrein, bis alle das Problem sehen (Unterdrückung, kaputte Fickgeschichten, Eifersucht, Größenwahn, Lieblosigkeit). Ich sah Fabrizio in der Kneipe sitzen, auf einem der prächtig verschlissenen Sofa, auf denen man erst in einer Woge von Stopfwolle zu versinken glaubt. Er sah abwesend dennoch alles deutlich um sich, plötzlich nicht unglücklich über seine Unentschlossenheit. Er konnte nach Moabit gehen, er wußte aber auch schon um die durchsichtige Macht, die Frau Golzowund über ihn gewonnen hatte. Fabrizio aß Sülze mit Bratkartoffeln, die man sich für drei Mark siebzig selbst in der Küche bestellte. Zwischen Pfannenaufschlagen und brutzelndem Fett fielen die Worte eines Geplänkels aus der offenen Tür, ein Schwarzer saß auf dem Fußboden bei einem stämmigen weißhäutigen Mädchen mit rostroten Sommersprossen. Kinder spielten noch spät in der Wirtsstube, rollten sich unter dem Tisch und zwischen den Beinen der Leute hindurch tropfenbeschlagene Pfannendeckel zu, in einer Ecke bügelte eine Frau einen Stoß Wäsche, auf den sie sich von Zeit zu Zeit schwer stützte und schläfrig den Essenden zuschaute. Fabrizio würde vielleicht noch einen buttergelben Maiskolben bestellen, in die mit Salz bestreuten Körner beißen, die ihm unter den drehenden Händen auseinanderspringen würden wie gelbes Gelächter. Fabrizio lief zurück in die Görlitzerstraße. Er ahnte die andere Wirklichkeit, die ihn dort herausforderte. Auch fand er sich oft nicht zurecht in der manchmal die inneren Schutzhüllen zerreißenden Rückhaltlosigkeit der Wohngemeinschaften und in ihrer dann wieder wie eine Krankheit ausbrechenden Lethargie. Obwohl mich das traurig stimmt, schrieb Fabrizio, und auch erschreckt. Wir dürfen unsere Ideen in beschämenden Erfahrungen nicht absterben lassen, sonst triumphieren die Falschen. Manchmal scheint mir, als wäre das, was aus dieser Stadt bis zu uns gedrungen ist und uns aufweckte, in ihr selbst schon wieder am Einschlafen. Wie kurzlebig alles hier ist. Ich habe Angst vor dieser gespenstischen Kurzlebigkeit. Wenn wir jetzt nicht eine lange Hoffnung finden und die Zähigkeit, sie Stück für Stück in die Welt wachsen zu lassen, werden wir abgedrängt. Überholt.

Frau Golzowund schaute vom Abendtisch aus zu, wie Fabrizio die mitgebrachten Poster an die Wände klebte, etwas rätselhaft Erheiterndes zuckte in ihren Mundwinkeln. Aber sie schwieg. Erst als auch von Fabrizio nichts mehr zu hören war, er mußte in die Kritik seiner Geschäftigkeit versunken sein, fragte sie aufgeräumt: Und? Wie ist's? Mal abwarten, meinte Fabrizio gedehnt und saß dann ziemlich zerstreut beim Abendessen. Er zerschnitt, fast pedantisch so vor sich hin, die Dillgurken in kleine grüne Fächer und starrte dazwischen immer wieder auf die nun von Plakaten behängte Wand. Ein aus der Froschperspektive aufgenommenes Bild von der Besetzung des Georg von Rauch-Hauses durch das Kollektiv am Mariannenplatz. Keine Macht für Niemand, macht kaputt was euch kaputt macht. Schwarz schauten von ihrem verbliebenen Platz die Leinwandaugen der Katharina von Golzowund auf Fabrizio hinab. Die blinde Frau ihm gegenüber fuhr mit breiten ausgespannten Händen über das Geschirr, über die Butter hin, um den Brotkorb zu fassen, wieder fiel Fabrizio auf, wie sich alle ihre Sinne in ihren tastenden Händen versammelten und mit einer animalischen Ungehemmtheit der Bewegung nach dem Verlangten griffen. Fabrizio saß immer noch zerstreut. Die Empfindung für die Wirklichkeit seiner eigenen Zeit verdünnte sich ihm, ließ an den Rändern Fremdes herein, Totgeglaubtes, Mögliches. Vertauschungen fanden statt. Fieberte Fabrizio? Das Kollektiv vom Mariannenplatz aß mit ihm Dillgurken und die zerlaufenen Eier, Frau Golzowund war in ein Bild gewichen und stand mit erhobenen Händen an einem Fenster des Georg von Rauch-Hauses, unter der Tür erschien Katharina aus dem Jahre 1789 fragend lächelnd mit dem Teekrug. Später hat Fabrizio die seiner Unruhe verwandten Plakate wieder abgehängt. Waren sie ihm nur Bestätigung gewesen, eine einschläfernde Übereinstimmung, oder eine Art Staudamm für die dahinter unmerklich ziellos werdende Aggression?

Fabrizio und mich aber verfolgt eine Vision der Sintflut aus der frühen Renaissance, wässerig leicht gemalt will es scheinen, ausrinnendes Blau, viel Sandgelb. Das Merkwürdige an diesem Bild ist nun, daß man schwankt, ob der Augenblick vor oder nach der Katastrophe gedacht sei. Die bedrohlich blauschwarze Wolkenwucherung am leeren Horizont scheint wie eine wahnwitzige Vorwegnahme eines Atompilzes zu sein, dann aber ist im Vordergrund wieder dieser hellgoldene Frieden gelber Sandhügel, weiter gegen die Tiefe des Bildes zu schwach gezeichnet ein See, an seinen Ufern die Silhouette einer getürmten Stadt, Untergesunkenes einer alten Welt oder schon ein zitterndes Utopia, ein neues Jerusalem, wir zweifeln. Und doch jäh sich in die kühne Hoffnung zu denken, daß das Grauenhafteste vielleicht schon hinter uns liegt, die Katastrophe schon geschehen ist und nur ihre unabsehbar fortgreifenden Ausmaße noch das Leiden vermehren. Aber daß wir nicht mehr hinschauen müßten wie gebannt auf den in der Ferne anwachsenden Punkt der endgültigen Katastrophe, dieses Hinstarren, das uns an der Lebenswurzel zernagt und zermürbt. Anfangen zu leben! Als stünden wir am Vorabend einer sich verwandelnden Zeit. Die Verfallserscheinungen um uns, vielleicht ist es auch nur die Krise eines Durchbruchs, und wir erwachen in einen Tag, an dem unser Gang noch zögernd ist unter der Last der Geschichte, auf unsern Gesichtern aber schon ein Schein liegt, unter dem die Dinge wieder zu glänzen anfangen. Aber das aufwuchernde Schreckensbild am Horizont ängstigt uns, und wir zweifeln. Was ist der Atemstrahl des Wals? Diese brandig schwarz ausfasernde Dampfwolke, ist sie das endlos aufflackernde Kriegsmorden? Wir lagen noch sprachlos in unseren schmalen Kinderbetten, in selbstvergessenem Lallen, manchmal kurz aufjauchzend über die Krümmungen der eigenen Zehen, da fielen schon Schatten über uns her. Die Schrecken von den Gesichtern der Erwachsenen, die leisen verängstigten Gespräche, zu den Fenstern quollen Ahnungen von Wolken herein, Atompilze, Fabrizio hat sich lang noch in den abgelegensten Kammern verkrochen, geschluchzt in panischer Ohnmacht. Wie könnte man die Welt retten? Wer maßt sich dieses Ungeheuerliche an, in einem Augenblick alles zu versengen, was uns einmal unerschütterlich schien und wie aus dem Innern einer nie endenden Verheißung heraufgewachsen. Manchmal ist Fabrizios Gesicht wieder ganz ungeschützt und in seinen Augen dieses Verstörte, dieses Untröstbare. Es war der Wal, der schon unser Aufwachsen ins Zwielicht zog. Niemand erklärte ihn uns, lehrte uns seine Gefahren, die mögliche Zunahme seines Wachstums, seine Unberechenbarkeit. Niemand gab uns die unerbittliche Einsicht in die Anfänge seiner Zerstörungen. Er hing als Schatten über uns. Unsere Eltern, die von ihm verschluckt worden waren in den zwei Kriegen, die nur die Verdunkelung erlebt hatten, sie waren im Innern des Walbauchs gesessen, die meisten, nachtblind, ungerührt, sie hatten alles als Verhängnis betrachtet und dumpf gewartet, bis sie wieder ausgespien wurden. Ohne einen Blick zurück. So war der Krieg etwas Unabwendbares geworden.

Der Wal ist widerwärtig. Massig, jetzt eine unförmige Bedrohung, liegt er vor uns in der Nacht. Wir lassen aber diese Herrschaft nicht zu, wir sind beim Einnachten wach genug durch den Ausstellungsbezirk gegangen, haben die Dokumentationen gelesen, die Untersuchungen verglichen, die verschiedenen Einschätzungen. Unsere ganze Nacht hier ist nichts anderes als ein

Zu-Kenntnissen-Gelangen. Durch die Glaswände hindurch suchen wir die Stromlinienform des Wals, die waagrechte Schwanzflosse aus der unterschiedslosen Dunkelheit herauszulösen. Wir möchten so zurückhaltend und scharfsichtig in ihn eindringen, wie wir beim Zerlegen eines Fisches behutsam die silbernen Schuppenhüllen heben, die blaßfarbenen Fleischwände voneinander trennen, bis dann unter dem zutreffenden Griff mit einemmal alles von dem Fischgerippe fällt und sich uns auseinanderbreitet unter den durchsichtig gewölbten Gräten. Indessen verwirrt uns noch der Geruch der Verwesung, der mit wärmeren Windstößen in der Nacht immer wieder auflebt. Tagsüber kroch er schon den Besuchern in die Kleiderfalten und sie trugen ihn heim als abstoßenden Eindruck, sie hingen die Kleider weg, als könnten sie sie nicht mehr anziehen, da verpesteten sie ihnen die Schränke.

Ob das Zufall ist, daß der Wal an der Peripherie des Dorfes ausgestellt wird, wo wir herkommen? So haben wir die lange Reise gemacht, und dieser uns einmal alles und nichts verheißende Raum hat uns eingelassen, ohne Aufhebens, diese Talmulde, die für uns die Welt zu begrenzen schien, mit den lockenden föhnigen Luftspiegelungen, daß man meinte, man könne schon hinüber nach Italien langen. Wir liefen an den schon fast südlich strengen Dorfgärten vorüber, gelassen verwildert, doch mit geradem festem Apfelbaumwuchs in der Mitte, wir liefen mit verschwiegener brennender Reiselust. Dann wieder konnten wir uns auf die Föhnlichter nicht verlassen, soviel Verbohrtheit war da, soviel Enge mottete uns ein. Jetzt ist uns diese Gegend fast wie ein Land geworden, das wir unter den Dorfakten aufspüren müssen, ferngerückt, von den Farben unserer Entfernung und unseres ungenauen Wissens darüber merkwürdig koloriert. Es ist uns eine innere Landschaft geworden, in der sich alles ereignen könnte. Es waren aber immer Neigungen da gewesen, diese Talmulde, den Herkunftsort, zu verfinstern oder ins Licht der eigenen Geschichte zu steigern, sollen wir davon absehen oder bei allen Bedenken nicht in den Wind schlagen, daß uns diese Gegend viel von den Krümmungen der kurzgrasigen Abhänge, viel vom Schroffen der Bergbegrenzungen und viel von den beunruhigenden Lichtspiegelungen einschrieb, manches von den ausgestorbenen Dorfstraßen im Abend, vom selbstbewußten Geruch einstiger Residenzler. (Auch wenn wir nichts mehr gelten.) Wir sind knorrig und einsilbig nach außen, aber nie verschüchtert. Wenn in den Februarnächten das jäh auftauende Fasnachtsgemurmel bis zum Morgen alles Sichere von der Dorffassade herunterreißt, sind wir lose und ungebärdig und tragen noch einmal ein Stückchen Herrschaft zur Schau, das dann aber schnell wieder schmilzt wie ein grau gewordenes Fleckchen Schnee. Doch halten wir immer noch ein bißchen zu viel von uns. Haben wir denn nicht gemerkt, wie auch uns die Gleichgültigkeit anfrißt? Die rotglühenden Streuwiesen um den See am Talende werden zerstört, und den Dorfplatz reißen sie dir ein über Nacht. Aber wir sind schwerfällig. Das liegt an den leidigen alten Schriftstücken hier, die seit eh und je unverändert herumliegen, in welcher Zeit leben wir überhaupt? Doch wir suchten die Landschaft vorhin! Die uns zum Innenraum geworden ist, Fabrizio zeigt zwar nur Unmut darüber, für ihn ist das anders. Er ist ein Zugewanderter, ein Geduldeter, es muß unsere Ignoranz gewesen sein, daß er dies so empfindet. (Heimat ist für ihn ein leeres zwiespältiges Wort.) Schwitz ist ein offener mitt Bergen umbgebener Orth welchen theils eine Stadt andere aber einen Haupt Flecken nennen, dieses Land ist ein ganz Volckreich, von Wiesen und Weiden lieblich Schönes Thalgeländ, mitt Hohen Gebirgen, die doch nicht so rauch und grausamb als Ury, umbgeben, gegen Osten stosset es an Glaris, gegen Süden wird es durch ein Grausamb Gebürge von Ury unterschieden, gegen Westen wird es von dem Lucerner See befeuchtiget, diese Landsleuthe halten jährlich den ersten May auf einer Schönen Wiesen, ihr Convent wie bey Ury gedacht worden.

Der Wal ist widerwärtig. Es ist Zeit, daß wir ihm die Herrschaft entreißen. Wir müssen uns aber dem Geruch seiner Verwesung aussetzen und die Unförmigkeit seines Anblicks aushalten, um ihn überlisten zu lernen. Der Wal war einst ein heiliges Tier, aus vormenschlichen Zeiten zu uns herübergeschwommen. Er wird den Brand jeder Erde überleben, auf den Wogenkämmen jeder Sintflut immer noch trotzig seinen Atemstrahl emporblasen, er ist eine ständig gegenwärtige Gewalt. Nur daß wir ihn weit ab im Meer wähnten, nur dies hat uns verblendet, hat uns friedlich gemacht, ohne daß wir wüßten, was Frieden ist. Jetzt hat er uns aufgestört. Er hat sich uns ins Innere der Herkunft gelegt, unübersehbar, jetzt endlich könnten wir ihm den Strahlenkranz der Dämonie brechen, jetzt hat er nur noch die Gewalt des Hierseins. Als wir herreisten, um ihn ausgestellt zu sehen, haben wir es abgelehnt, ihn als Sensation zu betrachten. Wir sind gekommen, beäugen ihn. Argwöhnisch.

# Drittes Kapitel

## Die Wundernetze

Der Wal hat aber auch seine Verführungen. Wir
können uns nicht losreißen von den zur Schau
gestellten Stichen früherer Forscher. Aus immer
neuer Sicht stellten sie die Wundernetze dar, dieses berauschende und doch bis in die winzigsten
Äderchen erkennbare Labyrinth, die retia mira-
bilia. Die Wundernetze bestehen aus stark ver-
ästelten, sich ineinander schlängelnden kleinen
Schlagadern, bei denen es sich um einen besonderen Teil des Blutgefäßsystems handelt, der sehr
große Volumenänderungen zeigen kann und deswegen imstande ist, die außerordentlichen Blut-
druckschwankungen des Wals auszugleichen.
Manchem erschien dieses merkwürdige System
feinster verschlungener Adern als ein wunderlich
verzerrter Spiegel der unübersehbaren Zusammenhänge des Lebens. Ein Forscher des ausge-
henden siebzehnten Jahrhunderts schrieb unter
seine durch die Präzision wie gestochen erschei-
nende Darstellung in einem jähen Ausbruch aus
aller Nüchternheit: o vita vitalis, dulcis et ama-
bilis, semper memorabilis. Fabrizio schaut fremd
auf diese Sätze. Wir sind schließlich keine Wale,
wir sind keine Tiere, wir wissen kaum noch, da
wir sie ausbeuterisch unserer Herrschaft unter-
warfen, was Natur ist: stumm, souverän, strahlend feindlich. Und an den Rändern ihrer Ver-

wandlungen unendlich geduldig. Wie könnten wir uns einem Wal vergleichen? Doch ist er eine Provokation. Das Bild der Wundernetze wirft uns auf uns selbst zurück, auf die strengste Besinnung unserer eigenen Lebensverstrickungen. Es verführt uns aber auch, weiter einzudringen in das Gewirr der für uns fast immer unsichtbaren tausendfädigen Relationen. Wir tasten ihnen nach, als würden sie unter unseren Fingern zu erleuchteten Glasadern.

Fabrizio! Mit fliegendem Pulsschlag stehen wir einander gegenüber, mehr Kinder noch als Halbwüchsige, auf den weißen Betontafeln der Straße am Fluß. Ich bin ausgerissen. Seit die Rollschuhe bei mir herumstehen, sausende glitzernde Entführer, fiebere ich, kann mich nicht mehr ruhig halten im Elternhaus. Ich spähe nach jeder Minute Verlassenheit aus, um über die Gartenmauern fortzukommen, das schmale Wegstück am Bach entlang, das mittags und abends vom Aufmarsch der heimgehenden Zeughäusler bevölkert wird. Ein Aufmarsch ist es zwar nicht gerade, eher ein müdes Trotten, ein gleichgültiges Stoßen der Fahrräder, beinahe dann ein Auströpfeln, die Abstände werden größer, wir Kinder aber halten es bis zu den letzten aus und glotzen, glotzen die Zeughäusler an. An einem andern Tag sprach die Mutter auch von Armenhäuslern, wir vermengen das alles, diese Wörter machen uns schamlos. Über dieses Wegstück nun also in rasenden Sprüngen, nur kein Blick zurück! die Ge-

gend wird jetzt finsterer, ungewohnter. Da ist
das auslaufende Bachdelta, auf den zerlöcherten
Kiesinseln verwilderte Schafgarbenbüsche, die
Käferhitze, weiter einwärts im Feld von schwarzen Tannen verdeckt die erdgrünen Militär-
baracken. Etwas verschreckt von diesem Drohzu-
stand mitten im leeren Feld, ziehe ich nun aber
die Rollschuhe an, süchtig nach großer Fahrt. Die
Betonstraße, angelegt für einen nur selten zirku-
lierenden Lastwagenverkehr, zieht sich in großen
ausschweifenden Kurven gegen den Fluß zu, der
Muota entlang. Die Straße leuchtet weiß und
hart. Das Elternhaus ist zu einem nichtssagenden
Punkt zusammengeschrumpft, das Dorf lächerlich weit weg. Ich rolle und sause dahin, ich fahre
auf einer weißen Triumphstraße! Die Arme ausgebreitet, ich fliege. Langsam wachsen mir in den
Blick hinein ein paar Fabrikdächer, Lagerschup-
pengiebel, der Vorort an der Muota, auf einmal
begehrenswerter als das herrschaftliche Dorf, ich
bin ausgerissen, bin auf Weltentdeckung, ein
deutliches Prickeln von Untreue ist dabei. Die
weißen Betontafeln rollen sich als sausende Fläche vor mir auf. Plötzlich ist da aber ein schwarzer störender Punkt. Er wächst und wächst, ich
kenne mich schlecht aus im schnellen Bremsen, ein
schwarzhaariger Junge steht breitklotzig mitten-
drin und versperrt mir mit ausgebreiteten Armen
die Straße. Der Puls fliegt mir vor Zorn. Ich starre
in das bräunlich blasse Gesicht, es starrt zurück.
Wir bohren einander fest, ohne einen Wank zu
weichen. Auf einmal aber wende ich mich in

einer blitzschnellen Drehung zur Flußböschung und reiße in blindem Zorn einen Armvoll Schafgarben an mich und werfe sie dem Jungen über den Kopf, auch hier an der Muota wächst Schafgarbe, verwilderte, krautige, beißende, ich rupfe aus, was mir in meinem hellen Aufruhr in die Hände kommt. Zwischen jeder halben Sekunde gewärtige ich den Überfall, erwarte schon mit verbissenen Zähnen das ins Gras Gedrücktwerden, das Keuchen über mir. Aber nichts geschieht. Ich halte einen Atemzug inne und starre nach dem Jungen, der von ausgerissenen Schafgarben behangen dasteht. Unbeweglich. In den dunklen Augen etwas Sprödes, Unverletzliches, ein abweisendes Streifen von Stolz, plötzlich stürzen mir die Tränen übers Gesicht. Du bist der Tintenfisch! schreie ich, reiße die Rollschuhe an mich und renne davon, mit den Rollschuhen in den Händen, auf meiner weißen Triumphstraße. Ich renne in Panik, ein flatterndes Messer in der Brust, denn nun höre ich das geschwinde flinke Springen des Jungen hinter mir. Bei der Muotabrücke bricht die Straße abrupt ab. Die Muota nur fließt weiter, bergblau, geduldig, ein Mutterfluß, ich stehe mit hochroten Wangen. Wohin willst du denn schon, sagt Fabrizio hämisch, aber wieder mit diesem Selbstbewußten in den Augen, dieser verstohlenen Einladung. Er gehe die Mutter abholen in der Fabrik, sagt er gleichgültig, so schauen wir, daß wir über die Kreuzung kommen.

Hier hinüber zu kommen ist aber nicht ganz leicht, es ist immerhin der Gotthardverkehr, der hier der Brücke zudrängt. Wir halten einen Fuß in die Fahrbahn hinein und ziehen ihn hastig wieder zurück, wir haben einen Kolonnenabstand unterschätzt, die Anstrengung des Hinüberkommens zerstreut aber wenigstens unsere vorherige Erregung. Wir kommen nicht mehr dazu, uns anzustarren, sondern haben das Warenschild des gegenüberliegenden Eckhauses ins Auge gefaßt, dahin müssen wir uns retten. Das Eckhaus winkt uns, es ist das alte Gasthaus zur Brücke, die blaßgrünen Fensterläden, das verblichene Rosa der Brüstungen, ein bißchen Südluft liegt auf diesem Eckhaus an der Gotthardstraße, ein unversteckter Anflug von Klassizismus. Angebaut ist ein schmaleres Haus mit einem überholten schwungvollen Schild. Dunkelbrauner Grund, in der Mitte in großem Gelb geschrieben A. Schuler, dann weiter, in die Ecken des Schildes ausstrahlend in dünnem Dunkelgelb die Handelsabzweigungen: Colonialwaren, Maismühle, Mehl- und Haferhandlung. Jetzt haben wir hinüberhasten können. Wir laufen gegen die Fabrik, gegen die Spinnerei zu, deren hochgiebig auftauchendes Dach schon alle meine früheren Weltausfahrten, meine Triumphstraße auch, beschlossen hatte. Denn von hier weg begannen sich die beiden herrischen Berge über dem Dorf bedrohlich verändert zu zeigen, lehnten sich schief aneinander und kehrten eine ganz ungewohnte, abweisende Seite hervor, ein lauerndes

Gericht wachten sie über mein Ausreißen, über meine noch kindische Untreue der eigenen Klasse gegenüber, und ich rollte schleunigst zurück, um ihrer Mißbilligung zu entkommen. Jetzt aber habe ich Fabrizio, ich schaue mit keinem Blick auf das entlegene Dorf zurück, nicht ein einziges Mal nach den herrschsüchtigen Bergen darüber. Fabrizio ist da. Beidseitig beginnt schon der Drahtzaun des Fabrikgeländes. Einzelne Baumwollflöckchen in der Luft. Ich bin auf einem unbekannten Territorium. Das Territorium der Fabrikhallen, der Mühsal des Arbeitens, der Sirenen, der müden Feierabende. Ich führe ein reinliches Heimatkundheft in der Schule, eines zum Vorzeigen, mit Fahnen und bemaltem Rathaus und einer Unzahl von lichterhellen Kapellen, über Fabriken wird nie gesprochen, da führt uns niemand hin, die übergeht man wie ein Landesübel. Jetzt laufe ich neben Fabrizio, fast als ginge ich in etwas Anrüchiges, etwas Verbotenes hinein. Wir sind noch zu früh. So streichen wir an den hohen Fabrikfenstern entlang, sie sind zuunterst meist grob verkörnt, damit man nicht hineinsieht, sich alles im Ungesehenen abwickle, warum, das späte Sonnenlicht trübt sich darin und verschwimmt wie schmutzige Benzinflecken. Bei einer der wenigen transparenten Scheiben zieht sich Fabrizio an den Leisten hoch und mich mit einem Ruck nach, da fliegen die riesigen Spulen! Der Lärm ist ohrenbetäubend, ein hektisches sich übersausendes Knattern. Wir spähen begehrlich nach den Tonnen mit den quellenden Baumwollmassen, was für ein weiß wolkender Überfluß, denken wir, dem ist aber nicht so, er wird in sich verdünnenden Strängen übergeleitet zur weiteren Verarbeitung, das endet in ausgemergelten Fäden, die am Abend lose sich verflockend in der Luft hängen bleiben.

Wenn wir am Fabrikfenster kleben und unter den Arbeitenden Fabrizios Mutter suchen, verändert sich sein Gesicht. Es ist unruhig angespannt, ich bin für ihn nicht mehr da. Nie gelingt es ihm, die Mutter herauszufinden, er geht die gebeugten Gesichter, die vor- und zurückgreifenden Arme auf und ab. Das Knattern der Maschinen zittert aus seinen Augen als Hilflosigkeit zurück, die weißen Spulen sausen, die Fäden baumeln, nirgends aber ist die Spur des Fadens, der zur Mutter führt. Fabrizio springt vom Fenstersims. Steht da, mit hängenden Schultern. Verdrossen schlendern wir zum Eingang, warten die Sirenen ab, es sind jetzt noch ein paar andere Halbwüchsige da. Hinter den Drahtzäunen radeln Kinder herum, sie fahren in mörderischen Kurven hart am Eingang vorbei und tuten: Die Fabrikler kommen! Die Fabrikler kommen! Die Zeughäusler fallen mir ein, die Zeughäusler kommen, die Armenhäusler, die Fabrikler, das Tuten gellt mir ins Gesicht. Jetzt werde ich angeglotzt. Inzwischen haben die Arbeiter angefangen, die Fabrik zu verlassen, in zusammenhanglosen Gruppen, in einzelnen sich schnell wieder lösen-

den Knäueln, es ist kein Strömen, eher ein Sich-
vorwärtstasten in den erlöschenden Tag. Fabrizios Mutter aber ist eine der vordersten. Mit
heftigen Schritten strebt sie aus dem Fabrikge-
lände, als müßte sie dort weiter vorn zwischen
den Schatten der Muotahäuser noch den letzten
vergehenden Glanz eines ungelebten Lebenstages
erfassen. Sie streicht Fabrizio die Verstörung aus
dem Gesicht, sie lacht, sie drückt ihn kurz an sich,
wir eilen mit ihr fort. Die Hände versteckt sie
immer noch fast scheu unter dem halbgeöffneten
Mantel. Unter dem abgetragenen olivenfarbenen
Mantel weiß ich aber, daß ihre Hände verbunden
sind, mit weißen Gazen umwickelt. Einmal bin
ich schon mittags mit den baumelnden Rollschuhen an den Händen vor Fabrizios Haustür gestanden, die zugleich die Küchentür ist. Das in
der Mittagspause hastig Eingekaufte lag halb
umgeworfen auf dem Tisch, lag zerstreut am
Boden, Fabrizios Mutter beugte sich mit hervor-
stürzenden Tränen über die Tischplatte. Sie müh-
te sich ab, weiße Gazestreifen um ihre vom Ausschlag geröteten Hände zu wickeln. Die knappe
Zeit hetzte sie, gequält schaute sie nach mir. Ich
ertrage die Baumwolle nicht mehr! stieß sie hervor. Mir fiel ein, daß Fabrizio immer wieder
erzählt hatte, seine Mutter schlafe nachts mit
dicken Handschuhen, weil sie Salbe auf die rissi-
ge Haut auftragen müsse, sie litt unter diesen
verbrauchten, spröden, geröteten Händen. Sie
schrieb alles der Fabrikarbeit zu. Sie konnte
nichts Baumwollenes mehr anfassen. Je mehr ihre

Abneigung wuchs, desto stärker brach der Ausschlag hervor. Sie ertrug die weißen sausenden Spulen nicht mehr, die davoneilenden Fäden, die sich verdünnenden Stränge. Die Baumwollflöckchen flogen ihr wie Blutfetzen vor den Augen. Einmal schnitt sie sich an einer Maschinenvorrichtung. Das Blut schoß hellrot und sich dann dunkel verfärbend in den Baumwollschnee. Es sickerte über die weißen wolkigen Hügel. Hätt ich ein Kind so weiß wie Schnee, so rot wie Blut und so schwarz wie Ebenholz. Das Blut aber sickerte weiter und weiter, sickerte in strähnigen Rinnsalen über die Gebirge von Schnee, vor langer Zeit war sie mit ihrem Vater, der Arbeit suchte, in die Marmorbrüche der apuanischen Alpen gereist. Da hatte sie das erstemal Schnee gesehen. Blendend aufgetürmten Schnee, und dahinter, in der Tiefe, das ausgebreitete Blau des Meers. Der Vater hatte den staunenden Aufruhr in ihren Augen gesehen. Er hatte sie schweigend an seinen Wintermantel gedrückt. Sie waren lange so gestanden. Sprachlos. Aus den Marmorbrüchen schollen in gedehnten, sich überschlagenden und jäh abfallenden Echos die Arbeitsrufe herauf, übertönt vom Grollen der Sprengungen, dann wieder drangen sie hörbarer, drohend, aus einer infernalischen Tiefe. Der Vater schaute nach dem ausgebreiteten Blau des Meers. Sie drückte sich an ihn. Das Grollen unter ihr, die Staubwolken, die Rufe berauschten sie wie eine fremde gewaltige Orgel, die das Gebirge, auf dem sie mit ihrem Vater stand, entrückte in die blendend schneeige Luft. Aber nun sickert das Blut über die glitzernden Schneewände, unaufhaltsam und grausam, es ist ihr ungelebtes Leben, aus dessen Augen das Blut strömt in den Baumwollschnee.

Wir eilen mit Fabrizios Mutter fort. Sein Gesicht ist immer noch weiß, aber etwas Gerettetes liegt darüber. Wenn ich wegschaue und er sich unbeobachtet glaubt, klammert er sich knabenhaft wild an die Mutter, klammert sich an sie wie an etwas mühsam Wiedergefundenes, bis sie ihn lachend abschüttelt. Aus der ebenerdigen Küche hören wir schon den Lärm der Geschwister. Kaum bin ich unter der Tür angelangt, werde ich in ihr Spiel hineingerissen, mit dir sind wir neun! rufen sie atemlos, jetzt spielen wir Es-kommt-ein-Herr-aus-Ninive. Sie haben sich schon zum Kreis zusammengeschlossen und schauen mich herausfordernd an. Ich will aber nicht die jüngste Tochter sein, sage ich trotzig. Mir wird angst. Wer ist der Herr aus Ninive? Jemand mit bedecktem Gesicht, stelle ich mir immer vor, jemand mit einem weiten schwarzen Mantel, jemand mit kalten Händen. Wo ist Ninive? frage ich Fabrizio. Am Ende der Welt, flüstert er. Die andern aber haben schon angefangen: Es kommt ein Herr aus Ninive, juchheißa vivilate! Was will der Herr aus Ninive? Ich will die jüngste Tochter haben, juchheißa vivilate! Sonst schlag ich euch die Fenster ein, sonst steck ich euch das Haus in Brand, juchheißa vivilate! Ich kauere im Kreis. Wenn doch nur Fabrizios Mutter zum Abendbrot riefe. Endlich kommt sie herein. Die Geschwister stürmen hinter die Eßbank. Die Wortführer unter ihnen behandeln mich nun am Tisch mit einem gewissen gespielten Respekt, die Kleineren schicken mir einladende Blicke zu. Ihre Wangen dampfen hinter dem Milchkaffee, ihr Schläfenhaar kräuselt sich, sie verschwinden fast hinter den runden Milchkacheln, aus denen sie trinken. Mir haben sie eigens wieder diese goldumränderte Henkeltasse aus dem Schrank geholt und betont vor mich hingestellt, ich mag aber diese Besuchstasse nicht, ich möchte auch so eine große runde Milchkachel wie die anderen. Doch sie kichern schadenfroh: Du bist eben auch kein Fabriklerkind. Ich erröte. Fabrizio hat alles mitangesehen, er verzieht kein Gesicht. Aber er hat still die goldumränderte Henkeltasse weggeräumt und schiebt eine große runde Milchkachel vor mich hin. Hinter dem dampfenden Kachelrand schauen wir zueinander hin, ich schickte gern goldene hüpfende Lichter in meine Augen, die Fabrizio sagen: Du hast mich gerettet. Auch Fabrizio schaut unverwandt zu mir hin, ruhig doch dringlich, seine Augen sagen: Für mich ist das jetzt gleich, ob du ein Fabriklerkind bist oder nicht, so kommen wir nicht weiter, du weißt aber, wir wollen in die Welt reisen. Die Küche erlischt langsam im Abendgrau. Die Geschwister sind größer geworden, der Lärm seltener. Es gibt Nachmittage, wo Fabrizios Mutter nicht mehr in die Fabrik gehen muß. Dann sitzt sie am Küchentisch, wenn Fabrizio aus der Schule kommt, sitzt im lichtlosen Nachmittag, das Gesicht sehnsüchtig und unruhig. Einmal aber steht Fabrizio unter der Küchentür, die Mutter liegt zusammengesunken über der Tischplatte. Fabrizio betastet sie. Sie rührt sich nicht. Er fährt den Linien ihres Kinns, ihrer Ohrmuscheln, dem weichen Oberarm nach, als wäre sie gestorben. Jeden Tag hastet er atemlos von der Schule zur Küchentür, sieht die Mutter hundertmal tot und fortgegangen, seit jenem Nachmittag lebt der Schatten eines schwarzen Ungetüms mit ihm, zittert er vor dessen unberechenbarem Zugriff. Seit jenem Nachmittag nistet Verstörung in seinen Augen.

Unsere maßlose Angst umeinander. Die schwarze Verstörung, mit der die gläserne Schutzglocke über unserem Aufwachsen zersprang. Wir haben das grelle Scherbeln gehört und sind zur Tür geeilt, und da stand der Tod, ein scheuendes Untier, und wir sind schreiend zurückgewichen. Aber die eingebrochene Tür ist für immer offen geblieben, die schließt uns niemand mehr. Auf der hellsten Oberfläche unserer Hoffnungen treibt irgendwo der Tod. So trieben die Kadaver der geköpften Wale, losgezurrt von den Schiffen, unter dem milchblauen Meereshimmel dahin, schwimmende Totenberge, endlos ihre trostlose Bestattung suchend. Fabrizios Augen sind ein Blick in solches Meerwasser, hinter dem plötzlich der Tod hochschwimmt. Warum ängstigen wir uns so sehr umeinander. Vielleicht lieben wir etwas in uns beiden, das schon in der Tiefe unserer Entwicklung zurückliegt? Eine Zeit, die uns schon wegstarb und die drängt, anders wieder aufzuerstehen. Vor diesem Anderen aber zögern wir und schauen jählings zurück. Mit lichtverschlafenen Augen streifen wir noch einmal die bis jetzt herüberdrängende Kindheit, weil wir ahnen, wie wir sie verlassen werden und was wir an uns ziehen möchten, bevor sie uns verläßt. Deshalb glimmt die Angst zwischen uns, weil wir nur eine dunkle Wiederholung feiern. Eine herrliche und zukunftslose. Ohne Anfang, ohne Richtung, und fast ohne Geschichte. Deshalb dachte ich, als Fabrizio das erstemal von mir wegging: Vielleicht sollte er nie mehr zurückkommen. Er kam aber viele Male zurück, und ich ging unzählige Male zu ihm, ich kenne hier kein Zählen und kein Abwägen und kein Vergleichen, und die ausgeklügeltsten Spannungsspiele sagen mir nichts. Ich gehe hin und bin da und falle vielleicht deshab so leicht und ganz ungebunden wieder in die eigene Stille zurück. Es ist dies aber eine fast erschreckende Freiheit. Manche, die uns kennen, mißtrauen unserer Zuneigung und vermuten Schwierigkeiten, wir lachen laut auf, einmal hat sich das Schwarz unserer Augen getroffen mit der Furcht und der Seligkeit des völligen Nichtwissens. Es ist uns inzwischen keine Einsicht und keine Zukunft gewachsen. Wir halten uns nur aneinander, nah, so nahe, daß wir uns manchmal kaum mehr sehen und unsere Schatten ohne

Konturen ineinanderfallen. Doch haben wir von Anfang an weggeblickt von uns, jedes in ein anderes Land, ich vor allem in der höchsten Nähe immer kämpfend um dies bittere und verlockende Stück Himmelsferne über mir.

Manchmal haben wir grausam gespielt mit diesem Todeswissen, dem Wissen unserer Zukunftslosigkeit. Wir haben freie Tage und sind über Land gelaufen. Wir laufen ununterbrochen einander ausgesetzt, schweigend oft, dann wieder überstürzt redend und uns heftig aneinander drückend. Erst fürchteten wir, uns zu überfordern, immer so zusammen, in der verödeten Landschaft nebeneinanderher. Aber dann sind wir planlos, angstlos in die Tage hineingelaufen. Unsere Stimmen sind zunehmend durchsichtiger geworden, wir hören jedes Schwanken heraus, aber da wir jetzt auf so kleine Details achten, sind wir auch ganz leicht geworden. Doch auch das Schlittern den gläsernen Abgründen entlang ist dadurch nahe gerückt, gefährlich nah, ein winziger Schritt, und wir stürzen abwärts. Es ist Nacht geworden, und wir laufen noch immer, übermüdet, erhitzt, wir haben nichts zum Schlafen gefunden, es ist feuchter Sommer. Häuser reihen sich jetzt an der Straße, erloschene, ebenerdig manchmal noch ein Küchenlicht. Vorhänge werden vorgezogen. Wir sind ausgeschlossen. Die Lampenwärme ist uns verboten. Wir könnten auch auf dem Friedhof schlafen, sage ich plötzlich und zittere selbst über das makaber Traurige in diesem Vorschlag. Ich setze mich auf die niedrige Mauer, die noch eine Ecke Gräber umgrenzt und dann ohne Übergang ins offene Land verläuft. Die letzten Grabreihen sind schon vom Wiesland eingeholt, überwuchert, einzelne Grabplatten ragen noch halbversunken empor. Fabrizio wirft unsere Jacken und die Wolldecke in einen Grabgang und ich lege mich hin, während er wegläuft, um unter den angrenzenden Obstbäumen vielleicht noch einen geschützteren Platz zu finden. Ich liege nun aber schon lange in diesem wilden Grasstreifen zwischen den schiefen, immer mehr in die Erde verschwindenden Grabplatten, wie lang liege ich schon hier? Nirgends mehr schlägt eine Stunde an, diese hilflos exakten Meldungen unserer Verfügungswillkür über die Zeit, sie ist dieser vordergründigen Herrschaft entronnen. Anders sickert sie jetzt durch jeden Luftzug, langsam, gedehnt, fast unbewegt. Sie füllt die Nachtluft über mir auf, übergeht mich schweigend. Sie ist erblindet mir gegenüber. Es gibt mich nicht mehr. Und lose geworden und überleicht in der Zeitlosigkeit eines heißen Sommers kauere ich nochmals zwischen den Grabsteinen im Schatten des Pfarrhofs mit den Holzlauben. Die Ferienzeit dehnt sich unabsehbar hin. Die Mittage sind ein weißes Loch, in das ich hineinfalle und nicht weiß mit mir wohin. Ich verziehe mich auf den Friedhof und promeniere zwischen den Grabreihen durch, gemessen, keine wird ausgelassen, die Augen blinzeln in der blendenden Hitze. Prüfend gehe ich von einer Reihe zur andern, überall hat es zuwenig Weihwasser, denke ich streng, und schlampige Blumen, endlich komme ich zu den älteren Grabreihen. Die Verwitterung hier freut mich. Die Beete sind ungeordnet, künstlich blaue Blumen hängen ausgewaschen über die Vasenränder, und vor allem sind hier die einzelnen Buchstaben der Inschriften nicht mehr zuverlässig. Einige stehen schon schief herunter, andere sind herausgefallen, ich betrachte das mit glänzenden Augen. Das weiße Mittagslicht schwimmt drückend und lautlos über dem Friedhof. Mit einer frivol geschäftigen Ausdauer wechsle ich Buchstaben aus, drücke sie auf dem Kopf stehend wieder ein, andere lasse ich ganz verschwinden. Die der Buchstaben Enthobenen sind die mir am meisten Verbündeten, sie teilen mit mir meine Zeitlosigkeit, es wird ihnen bald ebenso langweilig werden auf diesem Friedhof wie mir, so ohne Verzierung, so ohne Anschrift. Die Grabplatten werden langsam in die Erde sacken, unerkannt, schief vornüber geneigt. Es dunkelt. Wo bleibt nur Fabrizio? Die Gräser rühren sich nicht mehr unter der Wolldecke, ich habe sie mit meinem Gewicht eingedrückt, halb eingesargt liege ich zwischen dem Gras, dabei bin ich jetzt ganz wach. Ich will mich an Fabrizios Gesicht erinnern, an jede Einzelheit, und wie die Augenbrauen verlaufen, warum weiß ich es plötzlich nicht mehr. Die Anstrengung des Nachforschens treibt mich langsam in den Halbschlaf hinein, ich habe Fabrizio nicht kommen gehört. Ich erwache aber, wie er neben mir kauert, und mich mit von irgendwelchen Gräbern zusammengepflückten Sträußen überschüttet, gelbe überquellende Stechpalmensträuße, er steckt sie mir rund ums Gesicht. Er steckt sie mir ins Haar, in die Ohren, ich lache, (immer das Leid in dieser Liebe abwehren) und gelbe stachlige Blumenbüschel fallen aus meinem Lachen.

Je länger wir vor dem Wal sitzen, desto zweideutiger erscheint uns der schwarze Koloß. Wie ist er zuinnerst beschaffen? Vielleicht kam gar nicht aus seinen Wundernetzen dieses Strahlen der merkwürdigsten Zusammenhänge und Verstrickungen. Vielleicht haben wir ihn nur ausgestopft mit unseren Erfindungen? Doch woher dann der Glanz, und woher die Leidenschaft, mit der wir unsere Erfindungen behängen, so daß sie uns vorauseilen wie eine weithin sichtbare Standarte. Jede Erfindung fängt ein eigenes Leben an und sammelt ein Flattern von Wirklichkeiten um sich. Unzählige wirbelnde Kreise, Inseln von Glanz, die zusammenschießen in einem Atemzug. Wir beugen uns über einen mikroskopischen Querschnitt durch das Wundernetz des Wals. Die Äderchen des weitverzweigten Netzes vibrieren, krümmen und dehnen sich, wenn der Wal springt. Der Wal ist ein spielerisches Tier. Oft springt er völlig aus dem Wasser heraus. Auch schlägt er hin und wieder mit seinen Flossen wie mit Flügeln aufs Wasser. Wir sähen gern, wie der Wal vor uns gesprungen ist, ge-

sprungen in seine eigenen glitzernden Gischt-
schleier hinein.

Fabrizio schüttelt unseren Sitz zurecht. Wir sitzen nun schon so lang auf den Sacktuchballen,
daß uns die Lust ankommt, uns zu bewegen.
Fabrizio schließt und öffnet schnell die Augen,
als müßte er etwas deutlicher sehen. Ich weiß
manchmal plötzlich nicht mehr, sagt er, sitzt du
wirklich neben mir oder sehe ich auch dich auf
einmal hinter den Glaswänden. Fabrizio verwirrt es, daß ich wirklich da bin, einfach neben
ihm auf den Sacktuchballen sitze, er ist plötzlich
stürmisch, liebkost mir den Hals, er hat mich
sogar ein bißchen gebissen. Alle Welt soll es sehen, daß wir zusammengehören. Doch vielleicht
ist auch Fabrizio ein wenig hinter die Glaswände
gerückt, schieben sich mir unter sein Gesicht
plötzlich andere Gesichter. Sie sind nicht aus-
tauschbar, das nie! aber sie werden durchschei-
nend, eins aufs andere, wie in einer schwimmen-
den Lichtflüssigkeit. Bist du das, Fabrizio, oder
nicht? Wie wir immer wieder aufeinander zugelaufen sind, nach langem Auseinanderkommen,
aufeinander zugelaufen in einer Stadt, an einem
gewöhnlichen Nachmittag, irgendwo. Vielleicht
rührt das von einer Art Schattenverwandtschaft
her. Ich denke, wenn aber einmal mich einer überrascht, aus einer ganz anderen Schattengegend, aus
ganz anderen Lichtgebieten, und ich dennoch in
seinen Augen wohnen kann, was bürgt dann für
mich, daß ich nicht fortgehe mit Gewalt? Daß ich

nicht aufstehe und fortgehe, als wäre ich erwacht, weil ich diese Undeutlichkeit der Schatten nicht mehr ertrage. Weil mir der Schatten Fabrizios wie eine Geschwulst auf dem Rücken wächst, und ich überall, wo ich hingehe, ihn mittragen muß. Wir gehen wie im Schlaf nebeneinander. Bist du das, Fabrizio, oder nicht? Ihr seid früh aus dem Dorf weggezogen, die Mutter war damals schon verhaltener geworden, fast verschlossen, sie konnte in die Fabrik gehen, ohne die Hände unter dem Mantel zu verbergen, sie brauchte keine weiße Gaze mehr um die Hände zu wickeln, als wären sie gleichgültig geworden gegen die Fabrikarbeit, als wäre die frühere Auflehnung erloschen. Nur in ihren Augen war noch manchmal das Brennen, und die fliegenden Baumwollflöckchen am Fabrikausgang scheute sie wie Blut. In der ebenerdigen Küche saßen andere Arbeiter aus unserem Nachbarland, doch sind wir einmal miteinander aus dem Dorf hinausgelaufen. Oder warst du das nicht?

Wir laufen durchs Dorf an einem Nachmittag, noch vor dem Winteranfang. Wollen wir der Langeweile entgehen, die hinter jeder Hausbiegung lauert, an jedem Ladeneingang? Die Läden sind leer. Die Warenpyramiden stehen in verlassener Prächtigkeit herum, die Ladenmädchen kommen sich überflüssig vor, sie fingern nervös an ihren Blusen. Eines der beschürzten Mädchen hat Musik angedreht, die nun übermäßig laut aus den unbelebten Läden auf die

leere Straße hinausschallt. Wir stehen in der
Metzgerei und sehen vor den Fenstern den
Schnee, der anfängt zu fallen, in großen Flocken
durch die leere Luft, immerzu, ohne daß die
Straße weiß wird. Wir gehen unter den einzelnen
Flocken aus dem Dorf hinaus, unter den Füßen
immerzu der naßschwarze Asphalt. Auch die ge-
drungenen Stämme der Platanen beidseitig des
Wegs sind feucht, die verschorfte Rinde schwärz-
lich. Weiß, wie eine im Hinfallen schief erstarrte
kleine Schneemasse, taucht dazwischen die
Schutzengelkapelle auf. Wir stehen davor, wir
wissen bereits, daß wir uns da hineinflüchten
werden, wir sind nicht die ersten, wir stehen im
Bann unzählig ausgetauschter selbstvergessener
hastiger Küsse. Es ist eine türenlose offene
Kapelle, eher eine Art Unterschlupf, die blau-
gekalkte gebogene Decke blättert ab, die einge-
kritzelten Inschriften der Verliebten verkommen
zusehends. Auch die Eingangsüberschrift ver-
kommt, schwingt sich aber immer noch gebiete-
risch über ein Spruchband hin, Engel Gottes, der
du mein Beschützer bist, erleuchte, bewahre, leite
und regiere mich, hundert Tage Ablaß. Wir stehen auf dem mit kühlem Hellblau gekachelten
Boden, über uns die bläuliche Decke, ein von
blauem Himmel durchflossener Tabernakel ver-
führerischer Heimlichkeiten. In der Abwesenheit
der Umarmungen und in den Zwischensekunden
des schnellen Loslösens, um sich nur um so jäher
des Beieinanderseins wieder zu vergewissern, sehen wir aber wohl das Schutzengelbild. Zwischen

68

steifen Liliengirlanden winden sich die Spruch-
bänder empor, du mein Schutzgeist, Gottes Engel, weiche, weiche nie von mir, leite mich durchs
Thal der Mängel bis hinauf, hinauf zu dir. Diese
Höhe des Himmels ist aber wenig anziehend dar-
gestellt. Ein paar gebräunte Silberwolken, abge-
nutzte Höhenluft, die mit dürftiger Anstrengung
zweimal das Auge Gottes aufrecht hält, das Auge
Gottes gleich zweimal! Etwas blicklose, aber
stechende Augen, alle in die Kapelle Geflüchteten
zucken doch kurz davor zusammen. Zwei Augen
Gottes auf einmal, das ist immerhin ungewohnt,
eines erträgt man gerade noch, das ertappt einen
auch sonst überall, dieses aus dem Nichts aufge-
klappte Auge im Dreifaltigkeitsdreieck. Auf den
Schulwandbildern, zwischen den Seiten des Lese-
buchs, in einer gekräuselten Deckenkartusche der
Kirche sitzt es wie ein Detektiv, beim nasch-
haften Hineinlangen in die Rosinenbüchse hatte
man es von jeher über dem Kopf seinen Platz
aufschlagen gehört, auch im Katechismus stand
es, fettgedruckt, allmächtig, allgegenwärtig, all-
überdauernd. Aber gleich zweimal das Auge
Gottes! Wir lieben uns hier vor einem wunder-
lichen Strafgericht, aber so öffentlich schuldig
befunden, sind wir auch schon erlöst, schon jenseits von Gut und Böse, und ist nicht das Thal
der Mängel um so vieles verheißungsvoller dar-
gestellt als die Himmelshöhe. An den Horizont
gerückt steht ein weißliches Schloß, durch ein von
nirgendwo herkommendes Licht beschienen. Dem
Schloß zudrängend, jedoch noch ganz, sogar fast

in einer Überruhe, dem Betrachter zugewandt, bäurisch breit und mit roten Backen, das Haar braun und kurzlockig, der Schutzengel. Er hat den gebauschten weißen Faltenrock, der aus einem tüchtigen Gewebe hier aus der Gegend gemacht sein muß, diesen Faltenrock mit festem Goldsaum hat er verführerisch kurz über dem Knie geschürzt, einen leicht fliegenden Umhang um die Schultern, ein abgeblaßtes aber verläßliches Hellrot. An der Hand des Schutzengels hängt betäubt von dieser gewaltigen Weiblichkeit der Knabe, im blauen besternten Kleidchen sich diesem Führer ins von Heiligkeit getarnte Wunderland der Erotik überlassend. Sei zum Kampf an meiner Seite, wenn mir die Verführung winkt, steh mir bei im letzten Streite, wenn mein müdes Leben sinkt. Die Schneeflocken wehen durch die türenlose Kapelle. Die Kühle des gekachelten Bodens steigt uns die Kleider hinauf. Fabrizio hat mich auf der Kniebank zurechtgesetzt, wir hängen uns immer noch am Mund, Küsse wie flammengefütterte Schneeflocken, die in der Kühle gleich zu Eisdunst gefrieren. Vom Land her weht die Langeweile herein. Von den Dorfhäusern her stiebt sie in flockenden Massen auf die offene Kapelle zu, sie schneit uns ein, warum küssen wir uns bloß. Das in den Horizont gerückte Schloß vergraut im Winter. Der gebauschte weiße Engelsrock steht abgegriffen im Bild. Das Dorf hat uns eingeholt, die Langeweile schneit uns zu bis an den Herzrand. Wir lassen einander los, stehen hilflos im Flockentreiben. Wir haben uns zu weit weggeflüchtet, zu sehr auf den Wahn des Alleinseins gesetzt. Nun stehen wir, fast verschämt den Augen des andern ausweichend, im Treiben der Schneeflocken, die zwischen den schwärzlichen Platanenstämmen hindurchwehen, ohne daß sie weiß werden, als bliebe alles folgenlos.

Wir haben einander entführt, Fabrizio, in sich überstürzende Gegenden, hinübergesunken sind wir mit blinden Augen, in eine herrliche Herr-schaftslosigkeit jedes Gedankens. Zurückgefal-len auf den Weg zwischen den schwärzlichen Platanen, eine hinter der andern aufgereiht, unerbittlich, finden wir uns nicht mehr zurecht. Mit plötzlich hervorstürzender Traurigkeit ach-ten wir auf die knorrigen Aststümpfe, die Baum-kronen, die den leeren Schneehimmel mit ihrer Verkrüppelung bedrängen und uns zusetzen wie Angeklagten. Sind das die Dorfbewohner, die uns verfolgen? Sie haben alles mitangesehen. Sie schütteln jetzt die Aststümpfe wie geballte Fäuste. Einzeln laufen wir ins Dorf zurück, uns selbst fast abgewandt, und fast auch erschrocken über das völlig von uns Losgelöste der Kapellenherrlich-keit. Wir laufen dem Hauptplatz zu, und bleiben da stehen, als wüßten wir, daß die Fluchtseligkeit in uns wegsterben könnte, wenn uns diese Häuser nicht wieder aufnehmen. Die feinen Verstrickun-gen unserer Erlebnisse reißen schnell und dorren ab, wenn wir sie herauslösen wollen aus der Ge-webemasse des zähen Lebens um uns. Nur eingebettet in das Gewebe beschädigter Meinungen schießt das Blut rot und hell durch sie hindurch und schickt seine Widerstandsmeldungen so dringend durch den ganzen Körper, bis alles an ihm davon erfaßt wird.

Sind wir darum zu dieser Massenveranstaltung gekommen? Losgelöst von der Masse können wir uns nicht denken. Das wäre wie eine Demonstration ohne einen einzigen Zuschauer. Ein Schattenzug! Was wäre der Wal ohne die spottende Menge, die seinem Unmaß die Ordnung ihrer überschaubaren Alltäglichkeiten entgegenhält. Aber wie verloren und aufgelöst einer umfassenden Abwesenheit entgegentreibend wären auch wir ohne diesen Blick auf den Wal. Erst auf dem dunklen Untergrund seiner Größe flimmern uns die Wundernetze unseres eigenen Daseins deutlicher entgegen. Wie lang sitzen Fabrizio und ich schon hier. Einmal dem Nachsinnen über die zufällig und unscheinbar auftretenden und doch so verführerischen Relationen unserer eigenen Geschichte überlassen, treten wir unmerklich hinaus aus der gewöhnlichen Zeit. Jede neue Verwandtschaft von Begebenheiten, die wir entdecken oder bezwingend erfinderisch zusammenfügen, nimmt uns ein wenig hinüber in den Ewigkeitsstrahl der Zusammenhänge. Was für Zusammenhänge und wohin lassen sie uns gehen. Könnte es sein, daß sie in sich selbst ohne Sinn sind? Dann hätten wir uns nur dem Licht ihrer Logik gebeugt.

Fabrizio und ich sitzen auf den Sacktuchballen, im lautlosen Sichzerstreuen der Gedanken. Einmal fährt mir Fabrizio über die Augen, das Kinn, als müßte er mich erwecken. Oder ängstigt ihn die Mutter nochmals in meinem über die Arme gebeugten Kopf? Er tastet nach meinem Nackenhaar. Er will mich erwecken, und ich den Wal, ich will die Wundernetze im Wal erwecken. Das Ausmaß seiner Untiefen und die silbergraue Leichtigkeit seiner Oberfläche. Am Gegenbild des Wals sind die krausen und willkürlichen Fügungen unserer eigenen Geschichte ineinander übergelaufen. Diese zusammenlaufenden Fäden aber führen, sich vor uns aufrollend, in die Geschichte von uns allen hinein. Fabrizio fährt erschrocken hoch. Hat es mir jetzt geträumt oder nicht? Ich schaue ihn fragend an, wir lachen schnell, wie können wir das wissen. In einer durchwachten Nacht knicken solche Grenzabzäunungen lächerlich morsch ein. Fabrizio sieht zwei Särge hintereinander in eine weite Ebene hinaus fahren, langsam, im Schritt, in die unendlich leere Weite hinaus. Kaum sieht man am Anfang, unter schwarzen kahlen Obstbäumen, vereinzelt Menschen im schneeüberwehten Gras zu Boden schauen, trauerlos, während die Särge schon weit entfernt fahren. Fabrizio aber sieht sie jetzt näher, sie sind noch ganz mit darübergeworfener Erde bedeckt, sie müssen schon einmal vergraben gewesen sein. Die auf die Särge geworfene Erde rieselt langsam ab im Fahren, krümelt hinunter in die Ebene. Da sieht mich

Fabrizio zwischen den zerrinnenden Erdanhäufungen im Sarg liegen, nackt und von in langen Nächten naß gewordenen Blumen überschüttet. Du richtest dich auf! ruft er, und lachst. Du lachst und die Blumen fallen aus deinem Lachen und wachsen gelb überquellend aus deiner Brust und kräuseln sich zwischen deinen Zehen und du lachst und lachst. Du kannst nicht sterben, wir haben es tagelang versucht, mit zunehmender komödiantischer Anstrengung, wir können nicht sterben, wir werden es niemals können, wir lachen auf vor Unbegreifen und Triumph.

Werde ich einmal, zwischen morgen und heute, Fabrizio grausam erscheinen. Was ich immer wußte, in einem verschwiegenen fast immer verschlossenen Bewußtseinszimmer in mir, ist jäh von außen an mich herangetreten. Eine neue, eine andere, eine mich von Fabrizio mit Gewalt fortführende Zuwendung. Und ebenso jäh, unter einem unerbittlichen Wahn, muß ich es Fabrizio sagen, alles, als müßte ich mir selbst entsetzlich werden. Als wäre ich etwas Monströses geworden. Wie sollten wir einander verstehen. Und um keinen Augenblick das Mitleid aufkommen zu lassen, das uns am verletzendsten voneinander trennen würde, fühle ich eine verzweifelte Kühle in mir überhand nehmen. Der Blick geht mir über Fabrizios Kopf hinweg auf das Plakat an der Wand und bleibt dort am grellen Gelb einer Theaterannonce hängen. Sausende Trommeln, Pauken, die fliegen im Takt, Palais des Enfants: Opéra-

Comique, Ballets, Pantomimes, Clowneries, Excentrics. Fabrizio hebt den Kopf und schaut mir ins Gesicht. Jetzt sieht er darin das Locken vom Meer her, das ihm schon aus dem Gesicht der Mutter entgegenschlug. Wir lassen einander scheu los. Und du stehst auf, sagt Fabrizio, mit diesem grausam Glänzenden deines Lebenshungers.

Wir sind noch nicht einmal bis zur Mitte der Nacht vorgestoßen und haben doch schon diese äußerste Erfahrung ausgebreitet, haben schon ihr scheinbares Ende noch einmal durchlitten. Wir haben dem Verlauf der Nacht den Wind aus den Segeln genommen. Haben wir das? Fabrizio. Ich habe nie an das Fabulieren einer kontinuierlichen Entwicklung geglaubt. Alles, was mir zustieß, jedes einzelne, behielt für mich seinen inselhaft kreisenden Schmerz, seinen eingeschlossenen Glanz. In jedem Augenblick könnte ich jedes einzelne wiedererwecken, und es zöge aus den Rundgängen meines Erinnerns in wirren bunten Haufen daher und bevölkerte im Freien, Fahnen schwenkend und schreiend und lachend, das Gerüst des gelebten Augenblicks. Ich hätte es wiedererweckt aus der Totenstarre, und es gösse warmes Lebensrot über die weißen Wangen der eben zur Welt gekommenen Zeit.

Weiß war die Farbe des gefährlichsten Wals, der über die Meere schwamm, und durch Jahrzehnte hindurch scholl der beständige Ruf von Schiff zu

Schiff: Ahoi! Habt ihr den Weißen Wal gesehen? Die Walfänger dürsteten danach, das weiß schwimmende Ungetüm in das Rot seiner eigenen Blutlachen zu tauchen, doch wenn sie seiner ansichtig wurden, beugten sie sich schweigend über Bord. Aus der Leere des Horizonts trieb es auf sie zu, ein weißes Leichentuch, das durch die widerspiegelnden Wellen sich unendlich ausbreitete. Wir können aber nicht sterben, Fabrizio, wir werden es nie, immer wieder sind wir, sogar mitten in der Nacht, an unserer Lebenswärme aufgewacht. Du weißt zwar, daß ich fortgehe, fortgehe mit Gewalt, aber haben wir nicht gerade jetzt das Schlimmste überstanden? Wo sind wir nur hingekommen, über den Bergen, über den Bergen, uns ist so schneeleicht. Schneewittchen du, sagt Fabrizio. Da wollten sie es begraben, aber es sah noch so frisch aus wie ein lebender Mensch und hatte noch seine schönen roten Backen. Sie sprachen: Das können wir nicht in die schwarze Erde versenken, und ließen einen durchsichtigen Sarg von Glas machen, daß man es von allen Seiten sehen konnte. Dann setzten sie den Sarg hinaus auf den Berg, und einer von ihnen blieb immer dabei und bewachte ihn. Nun lag Schneewittchen lange lange Zeit in dem Sarg und verweste nicht, sondern sah aus, als wenn es schliefe, denn es war noch so weiß als Schnee, so rot als Blut und so schwarz als Ebenholz.

## Viertes Kapitel
### *Die Krillschwärme*

Sind wir in die Unberührbarkeit eines Zentrums vorgedrungen? Das Atmen wird gefährlich. Als könnte die Luft wie Glas zerspringen. Fabrizio gähnt auf einmal. Jetzt möchte ich etwas essen! ruft er. Zum Glück haben wir das da, von der langen Eisenbahnfahrt her, Frau Golzowund hatte Fabrizio einen ganzen Stapel Brote hergerichtet, die er zwischen Griebnitzsee und Nürnberg mit Ausdauer abgetragen hat, und jetzt ist noch eines da. Ein großes festes Stück Brot, übereinandergeklappt, mit Harzerkäse dazwischen. Wir rücken dicht zueinander hin und fangen an zu essen, uns wie aus einem bedenklichen Zustand erlösend. Mit jedem Bissen Brot steigt die Beruhigung in uns, wird die Nacht vor uns gewöhnlich, und still jeder Gegenstand. Eine Überhelle der Gedanken kann uns plötzlich überfordern. Das Aufblitzen von Zusammenhängen versetzt uns in leichten Schwindel, wir müssen ein wenig schlafen dazwischen, ein Stück Brot essen. Und oft haben wir dann auch das unstillbare Verlangen, über einen Schüsselrand zu streichen, über die runde dunkelgrüne Bauchung einer Flasche, wir streichen darüber hin, ruhig auf einmal, nehmen nichts anderes mehr in uns auf als die unverrückte Kühle dieses Schüsselrandes, diese gute Rundung der Flasche. Wir streichen darüber hin, als würde aus diesen Gegenständen und ihren inneren Ordnungen unser eigenes Maß wieder in uns einkehren.

Fabrizio steckt die Nase zwischen mein Brotstück und zieht hörbar den Geruch des Harzerkäses ein. Jetzt möchte ich soviel essen können wie ein Wal, grollt er und kommt genießerisch auf mich zu, er wird gleich irgendwo zubeißen. Auf den Pappwänden rings um den Ausstellungsbezirk haben wir große Fotomontagen von den Raubzügen des Wals gesehen. Mit nahezu dauernd offenem Maul schwimmt er geräuschvoll durch die Krillmassen des Antarktischen Meeres. Das Krill, ein kleiner Krebs, euphausia superba, kann dort in so dichten Schwärmen die oberen Schichten des Wassers bedecken, daß es wogt wie eine breiartige rötlich schimmernde Masse. Durch dieses orangerote Wimmeln pflügt sich nun der Wal mit aufgesperrtem Schlund, und die Tierchen fluten in Massen in dieses gefräßige Dunkel hinein. Hilflos treiben sie, euphausia superba, sie sind übrigens sehr durchsichtig, diese Tierchen, kleine transparente Wesen, in denen man deutlich den grünen Mageninhalt, winzige zerdrückte Kieselalgen, schimmern sieht. Wenn sie beim Einnachten auf der Meeresoberfläche treiben, schwimmen sie wie flüchtig nochmals hochkommende Lichtfähnchen dahin, bevor sie im Schatten des Wals versinken. So hatte auch im schon unmerklich ins Zwielicht eintretenden Ausstellungsbezirk das Wimmeln der Besucher noch angedauert. In der leisen Auflösung, die sich dennoch bemerkbar machte, wäre plötzlich alles möglich gewesen. Daß auch hier sich, wie andernorts, die Massen begeistert auf dem Rücken des Wals tummelten, daß sie auf der erklommenen Höhe herumschwärmten, angelockt von den kleinen Krabben und Muscheln, die der Wal auf seinem verpesteten Rücken herumträgt.

Ich bin gern in der Masse, wo sie sich unumwunden als Masse gibt. Da wird sie mir zur Spiegellandschaft. Eine unbestechliche Landschaft, die mich selbst in den richtigen Massen zurückspiegelt, aufs deutlichste begrenzt, in absurder Leichtigkeit, und doch mit dieser Lebensspur des Unverwechselbaren. Je mehr das gedrängte Auf- und Abwogen der Masse den Horizont meines Erfassens übersteigt, desto weniger falle ich in Versuchung, mir vorzutäuschen, ich hätte den Taktschritt ihrer Gedanken erkannt oder das Ausmaß ihres Hungers. Oder ich hätte mir ihre Sprache in den Mund gelegt. Was für eine Verblendung. Gern bin ich in der Masse, in der die Verschiedenheiten ins Schillern kommen, und in der die ganz leichte, unverwechselbare Schattenfarbe jedes Einzelnen zusammenströmt zu einem weiten Gewoge, in dem auch ich ohne Angst anders sein kann. Meine Augen schicken Botschaften und Nachrichten in die Gesichter der Vorübereilenden, und sie schicken mir ihre inneren Meldungen zurück. So sind wir unterwegs und gehen und gehen und reden zueinander von unseren gewaltigsten Gegenden. Angst aber wird mir in der Masse, in der das schillernde Farbenspiel gestorben ist. Die gleichsam mit blicklosem Auge, in dem nur noch das Weiße hervorgekehrt ist, zum Himmel schreit. Dieser eine Schrei, der mit seinem Gellen jedes Anderssein umbringt, der nun, widersprüchlich genug, zu einem gigantischen Ich anschwillt. Zu einem rücksichtslosen ungeheuren Massen-Ich, das die brutalen Züge des Terrors trägt. Zu einem einzigen aufgezerrten Maul, in dem die schreienden Münder verschwinden, neunzehnhundertdreiundvierzig, das ist nicht lange her, bei der Proklamation des totalen Krieges im Berliner Sportpalast schreien die Massen hysterisch: Ja! Goebbels schreit zurück: Wollt ihr den totalen Krieg? Die Massen rasen: Ja! Ja! Die einhellig schreienden Münder saugen dich an wie ein einziges aufgerissenes Maul. Wehrlos treiben wir, euphausia superba, in diesen gefräßigen Abgrund, rot von Blut, mit zerfetzten Gesichtern, mit hervorquellenden Därmen.

Als ich Fabrizio einmal besuchte, gingen wir in den Grunewald. Es war Vorsommer, der gelbliche Sand kurz auffliegend am Rand der Avus. Wir waren abgeschwenkt in das helle Gewirr der Birkenstämme hinein und laufen nun, laufen durch die zunehmende Stille. Wir laufen dahin und dorthin, streifen niedrigen, aber dichten schwarzgrünen Waldbestand. Die Geräusche der Stadt sind, wie aus einer anderen Himmelsgegend, nur noch durch ein schwaches Brausen vernehmbar. Nach langem ziellosen Laufen schrekken uns losgelassene Hunde auf. In einem von uns vermuteten Abstand taucht zwischen den Stämmen eine Mütze auf, eine lose Jacke. Ein Einzelgänger. Er wirft uns einen unwillig überraschten Blick zu. Bald folgen weitere Einzelgänger. Immer zahlreicher. Ich werde ein wenig nervös über die Regelmäßigkeit, mit der die kontrollierenden Augen auftauchen. Jeder uns Entgegenkommende scheint einen besonderen Anspruch auf ein Stück unbegangenen Walds zu erheben. Kurze Freundlichkeiten werden ausgetauscht, die aber einem ganz unverhohlenen Mißmut abgetrotzt sind. Die Abstände von Stille zu Stille stellen sich zwar immer wieder ein, doch sie verstärken nur das Vorgefühl einer aus allen Winkeln des Waldes hervorbrechenden Invasion von Spaziergängern. Gerade weil sie getarnt sind, in so unauffällig losen Folgen über die bewaldeten Sandhügel kommen, falle ich immer mehr in die Beklemmung, daß viel zu viele Menschen da sind. Ich kann nicht mehr atmen! Ich fange an zu rennen, Fabrizio hinter mir her. Ich renne wie wahnwitzig über den Sand, reiße von den herunterhängenden Ästen noch naßgrünes Birkenlaub mit und schleudere und wirble es durch die Luft, Fabrizio wirft Sand nach, wir rennen in einer Wolke von Sand und flimmerndem Birkengrün. Wohin, keucht Fabrizio und fällt lachend in den Sand. Zum See, schreie ich. Da vorn ist er. Ich stehe still mit fliegendem Atem. Der Grunewaldsee liegt hellblau in weißlichem Licht da. Jäh löst sich meine Beklemmung auf, verflüchtigt sich friedlich und bleibt als schwereloses Mittagswölkchen über den sich hier an den Ufern ausruhenden Massen stehen. Hier endlich ist keine Täuschung mehr. Alles liegt zutage. Man sitzt in den größten Ansammlungen, hängt in den buntesten Menschentrauben über die kleinen Brücken. Karierte Wolldecken werden geschüttelt und wieder ausgebreitet. Gezänk fliegt hin und her, Fahrräder klingeln und ziehen ihre schlenkernden Spuren in den Sand. Thermosflaschen aus grellgelbem Plastik rollen über die kleinen Erdhügel. Weggeworfene zerknitterte Alufolie hüpft dem Wind nach. Sie verursacht helle warnende Geräusche. Alles liegt zutage. Die ganze Stadt scheint hier an den See gezogen zu sein. Es ist ein offenes Gedränge, ein dichtes Promenieren, bleiche Gesichter, die müde Großstadt, die sich für ein paar kurze Sonntagsstunden in den Sand eingräbt und Entronnensein spielt. Ich will das jetzt aber nicht so sehen, jetzt im Moment meines Aufatmens. Ich sehe die Wolldecken, die geschüttelt werden, wie über Köpfen geschwenkte Fahnen, die Taschentücher sind weiße Transparente, das Stimmengeschwirr ein Heraufbeschwören unserer Träume. Die rollenden Thermosflaschen bezeugen die Länge des Marsches, wie weit wir schon gegangen sind. Etwas Zelthaftes haben die lagernden Gruppen, etwas Nomadenhaftes, wir sind unterwegs aus allen Großstädten, auf diesem sich unabsehbar verlängernden Marsch gegen den Krieg, gegen den totalitären Schrecken, gegen die Terrorisierung unseres Widerstandes. Es wird Montagmorgen werden, aber keiner wird zurückkehren in das gefräßige Maul des Profitprozesses, das hinter jedem zuschlägt mit dem klappenden Geräusch eines heruntergelassenen Fabriktores. Keiner läßt sich zurücktreiben in diesen Sog. Wir sitzen immer noch am See. Jetzt erst erlischt auf den Gesichtern der fade Schein der organisierten Sonntagszerstreuung, und mit einem fast schüchternen Rot zieht die vergessene Freiheit darin ein. Der Grunewaldsee wellt und wellt und hat den ganzen Forst überschwemmt, überschwemmt bis zur Havel hinunter, er hat die Mauer überflutet bis hinüber nach Gatow und Kladow. Einzelne, ungewohnt ihrer Freiheit, schauen aus nach einer Wolkensäule, die blinde Führung verspräche. Um jede voreilige Luftspiegelung rotten sich die Abenteuerlichen zusammen. Aber schon färbt sich das Wasser rot, euphausia superba, rot von Blut, dies letzte Mal, wenn jetzt nicht in uns selbst die Spur der Freiheit brennt, finden wir nicht durch das Wasser hindurch, ertränkt es uns in unserem eigenen Blut, werden wir liegen, wenn die menschenlose Stille anbricht, auf dem Grund des Roten Meers.

Eine geleerte Konservenbüchse rollt gegen meine Füße. Vor mir bückt sich ein aufgeschwommenes Gesicht, kehrt mir seine gelangweilte Blässe zu. Ein Transistor zerreißt die müde Luft. Das Mittagslicht läßt das Schilf, die Birkenstämme, die dahinter aufgereihten Gesichter noch weißlicher erscheinen. Langsam gehen Fabrizio und ich vom See weg, immer schneller, wir lassen den Wald hinter uns. Wir laufen schon auf dem Hohenzollerndamm, in die Stadt hinein. Sie ist sonntagsleer. Fast will sie uns gastlicher und einsamer erscheinen als der bevölkerte Grunewald. Über den Plätzen liegt eine Windstille wie in einem Dorf. Die vereinzelten Gesichter, unbewegt hinter den Scheiben der Kaffeehäuser, breiten eine provinzielle Verlassenheit aus.

Wie hältst du das nur aus dort oben, in diesem Gebirgskrachen, sagt Fabrizio, an diesem Weltende. Aber ist das nicht ein Dorf hier, lache ich. Ich erzähle Fabrizio von den Massenbesichtigungen des Museums. Ich werde überschwemmt von Leuten, das hättest du dir nicht gedacht. Gegen Mittag, wenn ich öffne, kommen sie schon in hellen Scharen über den Kiesweg gelaufen und gegen Abend bleiben sie noch vor dem bereits geschlossenen Haus in zögernden Ansammlungen stehen. Die Anziehung des Hauses bleibt in gewissen Punkten ungeklärt. Unauffällig von außen, von der Straße des Gebirgsortes leicht gegen den Berghang abgerückt, mit zwei regelmäßig übereinander geordneten Fensterreihen, deren Scheiben tief in die Mauer zurückversetzt sind wie bei allen alten Gebirgshäusern dieser Gegend, ist sonst nichts an dem niedrigen Haus bemerkbar, das verlocken könnte einzutreten. Auch die Tatsache, daß hier vor langer Zeit ein ebenso von Kult umstellter wie gemiedener Philosoph seine Sommermonate verbrachte, wen berührt das noch? Zudem muß sich herumgesprochen haben, daß im Haus selbst überraschend wenig zu sehen ist. Ein paar Manuskriptseiten, ein paar vergilbte fast zierliche Handschriften unter Glas, ein paar Fotos. Sonst nichts vom Pathos und den Apotheosen seiner Jahre. Nichts als nur die Schlichtheit der getäferten Wände und die strengen klaren Fensterreihen. Manchmal vermute ich, wenn die ins Haus kommenden Leute, fast noch benommen von der Unwegsamkeit der Gebirgslandschaft, in den Zimmern stehen bleiben und merkwürdig beruhigt nach den Fotos sehen und sich in ungewöhnlicher Sammlung über die Handschriften beugen, sie hätten sich in diese Museumszimmer geflüchtet, weil sie die Stummheit des Gebirges nicht mehr ertragen. Sie fühlen sich in diesem Gebirgslicht einer Auslöschung nahe, die sie mit sprachloser Panik erfüllt. Die gelebte Welt hinter ihnen reißt ab. Die immer gegenwärtige Schneekühle läßt die letzten ausfasernden Rückverbindungen erfrieren. Nachrichten von unsichtbarem Tod scheinen auf über den erkaltenden Abhängen und Lichtwellen eines fremden Entzückens. Die Angekommenen im Ort ertragen es nicht. Sie stehen in den ersten Tagen wiederholt in den Museumszimmern, als versicherte ihnen jede geschriebene Zeile ein Zurückfinden in ihr gewohntes Leben. Sie klammern sich an die wenigen Fotos wie an Zivilisationsüberreste. Sie vertiefen sich mit einer fast erlösten Angespanntheit in die Handschriften und ahnen nicht, daß sie sich in die stehengebliebene Kulisse einer noch gefährlicheren Landschaft hineinbegeben. Ich bin nur da für Auskünfte, je nach dem, ich lese mir meine Formulierungen von den Gesichtern ab. Ich weise aber vor allem auf die Texte hin, viele der Besucher sind kurzsichtig und wünschen sie mit halblauter Stimme vorgelesen zu bekommen, andrerseits die notwendigkeit solcher führer, die erschreckliche gefahr, daß sie ausbleiben oder mißraten und entarten können, das sind unsere eigentlichen sorgen und verdüsterungen. Viele hören sich mit unbeteiligter Beflissenheit alles an, andere wenden sich leicht irritiert ab und wünschen noch in das Schlaf- und Arbeitszimmer geführt zu werden. Trotz der bisher aufgezwungenen Kargheit erwartet man nun von dieser Besichtigung eine gewisse Befriedigung, die die Tradition auch lange genug anbot. In der Ecke des besagten Zimmers erfreute den Besucher frisch bezogen das weiße Bett des Philosophen, als wäre er vor ein paar Stunden zu einem Morgenspaziergang ausgegangen und das Zimmermädchen vom Hotel Edelweiß eben noch hier gewesen und hätte seine Tüchtigkeit im Deckenaufschütteln unter Beweis gestellt. Eine Waschschüssel mit Wasserkrug aus kühlblau geblümtem Porzellan löste besondere Ehrfurcht aus. Wie zu seiner Zeit, beteuerten die Museumswärter, der hölzerne Handtuchständer, der Nachttopf, ganz wie zu seiner Zeit, das geringe Tischlein, wie damals, und hier also entstand das gigantische Werk. Die Leute flüstern nur noch. Betreten und zugleich genüßlich betrachten sie diese Ärmlichkeit. Bernstein und ich verstrickten uns gleich am Anfang in Zweifeln an der Authentizität dieses Zimmers. Wir träumten schon von Gerüchten, das Bett sei erst vor kurzer Zeit aus der Kammer eines Zimmermädchens des Hotel Edelweiß herübergeschafft worden, die Waschschüssel stamme aus dem bankrott gegangenen Grandhotel in Maloja und den Nachttopf habe man aus dem Wochenmarkt in Chiavenna gerettet. Die Arbeiter in unserem Haus legten heimlich brüchige Seifenreste und ausgedrückte Zahnpastatuben in die Porzellanschälchen, bis sich die Besucher in verstärkter Ehrfurcht bei mir erkundigten, ob das alles aus seiner Zeit sei. Diese offensichtliche Wirkung stachelte die Arbeiter zu noch mehr Unfug an, sie trieben es weiter mit Kerzenstummeln und mit am Bettende hervorlugenden gestrickten Socken. Schließlich warfen Bernstein und ich kurzerhand alles Mobiliar hinaus. Wir überließen den Raum der Kargheit, die nun auch hier vom hintersten Winkel Besitz ergriff. Die Besucher stutzen, wenn ich ihnen stumm in das nun leere Zimmer vorangehe, das nichts anderes als einige provokative Texte an der Wandtäferung aufweist. Hie und da falle ich nach längerem beobachtenden Schweigen in eine zum leeren Raum seltsam kontrastierende Redseligkeit. Ich gehe von einem Zimmerwinkel zum andern, in beredten Worten sein mögliches früheres Aussehen schildernd und seine langsame Veränderung unter der Wirkung der halblauten Selbstgespräche des hier wie besessen Arbeitenden, moral nämlich als lehre von den herrschaftsverhältnissen verstanden, unter denen das phänomen leben entsteht. Die meisten Besucher fühlen sich geprellt, empfinden das leere Zimmer als Affront. Besonders jene, die noch das weiße frischbezogene Bett gekannt haben, stellen mißbilligend das Verschwinden dieser vertraulichen Kulisse fest, sie hatte dieses befremdende einzelgängerische Leben doch wieder ins Menschliche, Allzumenschliche hineingezogen. Auf die Texte an der Wandtäferung wollen sie sich nicht einlassen, sie scheuen die Widersprüchlichkeiten darin. Schließlich sind sie nicht in dieses Haus gekommen, um noch verunsicherter wieder hinauszugehen, in eine Landschaft, die ihnen schon bedrohlich genug erscheint. Sie wollen sich nicht schlafen legen mit Sätzen wie diesen: gut und böse selber aber sind nur zwischenschatten und feuchte trübsale und ziehwolken.

Vollends aber geraten die Besucher in betretene Empörung, wenn durch den Verbindungsgang unsere Kinder hereinstürmen. Sie fühlen sich in ihrer inneren Gehobenheit endgültig gestört. Die Kinder schlagen zwar durchaus keinen Radau, ich habe das mit ihnen besprochen, sie sind sogar fast leise, sie springen nur etwas katzenhaft durch die Zimmer. Mit einem fast erwachsenen Zug in den Gesichtern und dem unumwundenen Kin-

derhunger nach Aufmerksamkeit betrachten sie
die Besucher des Museums. Dann wieder wollen
sie ein Butterbrot gestrichen haben, oder ich
sollte ins Haus hinüber, um die Milch vom
Feuer zu nehmen. Im Verbindungsgang lassen
sie sich auf den Boden fallen und sich gegenseitig
an den Beinen nachziehen. Tinas Bub ist nun
wirklich etwas laut, dieser Lärm! flüstere ich ihm
ins Ohr, aber er sagt schnell: Ich finde das herrlich! Kaum habe ich sie auf den Vorplatz hinaus-
geschickt, sind sie wieder da, mit Sträußen für
die Museumszimmer, ausgerissene riesenblättrige
Rhabarberstengel und dünne Schnittlauchpinsel.
Die Besucher beugen sich stirnrunzelnd über die
Handschriften, sie sind sichtlich irritiert, müssen
immer wieder von vorn ansetzen, die Anwesen-
heit der Kinder mit ihren Rhabarbersträußen
raubt ihnen jeden Höhenflug. Schließlich kann ich
die Kinder dazu gewinnen, draußen beim Wettertelegrafen Wir-kommen-aus-dem-Morgenland zu
spielen, sie scheinen sich aber anders besonnen
zu haben. Sie ziehen nun, einander an den Händen haltend, die Straße des Gebirgsortes auf und
ab und singen, wenn die Fürsten fragen, was
macht Absalom, könnt ihr ihnen sagen, ei, der
hänget schon, nicht an einem Baume, nicht an
einem Strick, sondern an dem Traume einer Republik. Die Besucher sitzen mit leblosen Augen
in den Museumszimmern und suchen die dünne
Höhe ihrer Gedankenflüge wieder zu gewinnen,
vom anderen Ende des Gebirgsortes schallen
schwach, von weit her, die Stimmen der Kinder

herüber, nicht an einem Baume, nicht an einem Strick, riaho, riaho, sondern an dem Traume einer Republik.

Bernstein hatte zwar nie recht verstehen können, weshalb ich überhaupt eingewilligt hatte, diese Führungen zu übernehmen. Er betrachtete ein solches Philosophieren, wie es in diesen Museumszimmern erinnert wurde, als überholt, als einen fragwürdig genug herausragenden Überrest bürgerlichen Strandgutes. Bernstein jedenfalls lehnte es ab, mit der überraschenden Hartnäckigkeit eines älteren Mannes, der erst nach vielen Verspätungen seine gesellschaftliche Radikalität gefunden hat und nun durch eine manchmal ans Verblendete grenzenden Konsequenz das Versäumte einholen will. Er griff auch mit Recht die Gefährlichkeit eines solchen Denkens an. Ich aber meinte, so müsse man um so eindringlicher diese Gefährlichkeit öffentlich erkennbar machen. Nicht als verführerische Gefährlichkeit allerdings, sondern indem sie hineingestellt wurde ins nüchterne Erschrecken über die totgeschwiegene Maßlosigkeit in uns. Ohne Bernsteins Zustimmung stellte ich wieder die Kopie einer geradezu abstoßend ins tyrannisch Souveräne gesteigerten Gipsbüste aus, unübersehbar daneben das Zitat montierend: jener unverrückbare glaube, daß einem wesen, wie wir sind, andere wesen von natur untertan sein müssen und sich ihm zu opfern haben. Oder folgendes: die menschheit als masse dem gedeihen einer einzelnen stärkeren spezies mensch geopfert, das wäre ein fortschritt. Ich vertraute auf das erschreckende Erkennen der Besucher, während Bernstein nicht wußte, wie er meine Vorurteilslosigkeit deuten sollte. War es gröblicher Leichtsinn, Unerfahrenheit, ein Verkennen der Gefahren oder die ihm schon fast nicht mehr zugängliche Ferne einer anderen Zeit, in deren erwachende Ränder mein Leben hineinzureichen begann, da sein eigenes mit der alten Welt erlosch. Nach wiederholten Auseinandersetzungen ließ mich Bernstein gewähren.

Auch Fabrizio ließ es an zweifelndem Kommentar nicht fehlen. Abgesehen von meinen in der Tat vielleicht etwas absonderlichen Führungen war ihm vor allem der Verbindungsgang zwischen den Museumszimmern und dem Arbeiterhaus eine schier unversiegliche Quelle spöttischer Bemerkungen. Denkst Du etwa gar, schrieb er einmal, ihr würdet da oben das Bündnis von Philosophie und Proletariat praktizieren? Mir scheint eher, ihr lebt in einer etwas solitären Republik. Ein bißchen gereizt schrieb ich zurück: Natürlich, Du Spötter Du, sind wir nur ein solitäres Beispiel. Und daß gerade dieses Museum mit dem Arbeiterhaus verbunden ist, muß wie ein blankes Ärgernis wirken. Uneinsichtig, unpassend, abseitig, und keinen herkömmlichen Forderungen entsprechend. Wir wollten aber kein Utopia konstruieren, sondern haben nur aufgegriffen, was wir hier vorgegeben fanden.

Und was wir vorfanden, hat wie alles Lebendige mehr Neigung zu Kontrasten und Ge-
fährlichkeiten in sich, als zu vorgeplanten Bestä-
tigungen. Vielleicht kann eine ungewohnte Ver-
knüpfung von Gegebenheiten mehr schockieren
als jede Utopie? Nach diesem Brief schwieg sich
Fabrizio aus. Er wußte auch zu wenig über das
Arbeiterhaus, über meine Führungen durchs Museum. Ich schickte meist nur spärliche Berichte
und über einen weiteren Verlauf nur zögernde
Vermutungen. Das lag aber daran, daß mich das
Heute so erregend beschäftigte. Ich stand mit
einem sicheren Zutrauen darin und zugleich unter einem Ansturm von Fragen, die jedes feste
Tagesgefühl mit beunruhigenden Ausblicken
durchbrachen.

Oft mußte ich plötzlich um Mittag aus dem Haus
weglaufen, zum See, nach Grevasalvas oder bis
nach Blaunca hinüber, und dann wieder zurückkehren, gegen das Haus zu immer langsamer
werdend, zunehmend aufmerksamer, als müßte
ich alles wie ein fremder Besucher ins Auge fassen. (Ich hoffte so auf eine sich unverfälschter
einstellende Kritik.) Dieses Fernegewinnen ist
mir notwendig wie Luftholen. Nachts noch,
wenn das Museum schwarz erloschen daliegt,
und ich im gegenüberliegenden Haus bin, um-
geben von den gedämpft aus den Zimmern sich
mischenden Stimmen, werde ich oft unruhig wie
unter einer formlos anwachsenden Bedrängnis.
Die Schränke in den Gängen quellen langsam

auf, die Stimmen, die den Schränken aufgebür-
deten Koffer öffnen sich unmerklich, die halb-
angebrochenen Fragen, vor allem aber die Stimmen, das Ungeklärte. Die Gangwände verengen
sich. In fast hellichter Panik stürze ich aus dem
Haus. Stehe auf der Straße, ohne Bewegung,
lange. Endlich festigt sich das Haus wieder, kann
ich mich darin wieder denken, mich als Möglichkeit und alles als einen Anfang und vielleicht
schon Jahre danach. Durch die hochschießenden
Lupinen hindurch fallen die Lichtvierecke der
Fenster auf die Straße. Von Schatten bewegte
Glasbilder. Alle, die im Haus wohnen, ziehen an
den Fenstern herauf, mit unsicheren und lachen-
den, zeternden und hilflosen Gesten. Sie schneiden in die Lichtvierecke auf der schwarzen Straße
ihre grelle und schnell verlöschende Lebenszeit
ein, verschwinden und sind wieder da, wie schon
Gestorbene und erst Kommende. Ich aber weiß
jetzt, wo ich hingehöre. Ich bin schon im Haus.

Wie ist das aber am Mittag? Ich komme von
Grevasalvas her, seit Tagen liegen die steinigen
Abhänge, der See unter einem nicht endenwol-
lenden Schneeregen. Die Straßen im Ort leeren
sich. Die letzten Sommergäste fahren ab. Und
immer der Schneeregen, mehr Regen als Weißes,
nur in den Nächten dichtflockigeres Gestöber,
tagsüber aber Regen, jemand meint, der See sei
gestiegen. Die Leute im Ort sind jetzt nicht mehr
so mit den Fremden beschäftigt, sie schauen wieder mißtrauischer in ihre eigene Nähe. Von

neuem ist Unbehagen über das Arbeiterhaus geäußert worden. Ich selbst bin aus ganz anderen Gründen mit einemmal verunsichert. Spiele ich eine Farce? Und woher nahm ich nur je die selbstbewußte Helligkeit, da zu sein. So jäh wie eine Art traumsichere Blindheit mich manchmal in eine Richtung gehen läßt, so rasch holt mich manchmal ein beschämender Zweifel ein. Ich halte inne. Kein Gegenstand mehr will sich mir in die Hand fügen. Ich lasse alles fallen, die Luft dünkt mich unerträglich heiß. Ich bin aus der Selbstverständlichkeit abgestürzt. Ich komme von Grevasalvas her, auch jetzt ist mir heiß, ich muß aber zu schnell gelaufen sein, wie immer, diese fast rasende Ungeduld in den Füßen. Doch wer kann sein Leben absehen, und vielleicht hat Fabrizio recht mit seinem Spott. Betreiben wir hier nur einen bürgerlichen Ausverkauf? Einen geschickt getarnten, mit einer feinen Glasur von aufständischem Leben, aber wenn das nichts ist als nur brüchiger Glanz. Gegen die Hauswände klatscht der Regen, als müßte er die Fassaden durchwässern. Jetzt muß ich noch über den Platz mit dem Lambrechtschen Wettertelegrafen laufen. Ich stehe vor dem Museum. Mit offenem Mund. Vielleicht habe ich sogar ein klein wenig geschrien? Einen Verwunderungsschrei! Obwohl ich in derselben Sekunde das Gespenstische erfaßt habe und Stummheit und Gelächter in mir kämpfen. An der Fassade des Museums ist eine alte, längst übertünchte, aber nun durch den endlosen Regen deutlich

auftauchende Beschriftung sichtbar geworden:
Bazar. In großen, der Anziehungskraft einer
hier früher florierenden Kurzwarenhandlung
entsprechenden Buchstaben. Zwischen den Fensterreihen, unter dem Schneeregen, auf der sonst
ganz leeren Wand, steht nun alles überragend:
Bazar. Da gingen hervor Finger wie von Men-
schenhand, die schrieben gegenüber auf die ge-
tünchte Wand, Bazar o Belsazar, mene mene
tekel, deine Tage sind gezählt und beendet, man
hat dich auf der Waage gewogen und zu leicht
befunden.

Aus dem Haus der Philosophie ist in den alles
durchwässernden Regennächten ein Bazar geworden. Das Wort ist nicht wegzubringen. Tag
für Tag steht es noch da, unmerklich nur zieht es
sich in das Weiß der Fassade zurück. In dieser
Zeit aber hat es mehr bewirkt als die aufreizend-
sten Zitate in den Zimmern des Museums. Der
Bann des Absoluten ist gebrochen, das Ehr-
furchtsgeflüster von Gelächter umstellt. Viele
kommen errötet ins Haus, zögern wie Ertappte
vor den Schwellen im Gang, wozu kamen sie
her? Kamen sie her, um eine Sicherung ihrer Pri-
vilegien zu kaufen oder um die Hybris ihrer
Vereinzelung zu festigen, was war es, das sie in
dieses Haus zog. Sie sind im Zweifel darüber.
Das Wort Bazar an der Fassade versetzt jeden in
die Annahme, daß der Wert des hier Ausgestell-
ten herabgesetzt worden ist, in einen fast chaoti-
schen Zustand der Unterschiedslosigkeit. Jede

bisherige Interpretation verliert an Herrschaft. Die Einmaligkeit der gewußten Direktiven ist verblaßt. Jedes Wort muß in die Hand genommen werden, als sollte man es aus dem Schutt verrotteter Jahre ausgraben, behutsam muß dies geschehen, denn in den Jahren dieser Verwesung ist ihm nur das verblieben, was nicht sterben kann, und das will angeschaut werden, als hätte noch niemand die Nachricht der Weite in ihm totgetreten. Jedes Wort muß aufgehoben werden und vor dem Schmerzensblick der Geschichte nochmals sein Dasein erhalten, gefährlich neu und virulent, oder es fällt, was veraltet ist und nicht wiedergutzumachend getrübt, zwischen die Ritzen des Vergangenen. Seit den Tagen des Schneeregens liegt eine heitere Unruhe über dem Haus.

Dann flauen die Besuchermassen ab. Sie waren noch nie so durchmischt wie in diesen Tagen. Vorüberreisende und Angestellte der ältesten Hotels, letzte Sommergäste und Ansässige, zurückgezogene Gelehrte und Neugierige, die Ladenmädchen des Gebirgsortes und Obst- und Gemüsechauffeure aus niedereren Talgegenden. Doch jetzt bröckelt die Stille in die Massen ein. Mein Wahn, ich hätte hier die Anzeichen einer Durchdringung von Masse und der Macht des Wortes gesehen, weicht einer Ernüchterung. Das Ende der Saison ist da. Es fällt in diesen Gebirgsorten mit Heftigkeit ein. Eines Morgens stehen die Berge im Schneelicht oder im Hauch weißgefrorener Wolken. Die Wälder flammen. Über dem See erlöscht eine violett leuchtende Kühle. Schwarz spiegeln sich die Tannen darin. Fluchtartig brechen die letzten Gäste auf. Es ist wieder die über die Bergränder hereinbrechende Fremdheit des Schnees, die sie in Panik nach den abfahrenden Postkursen fragen läßt. Sie sind nicht mehr zu halten. Sie scheuen das Lichterlohe der Wälder, die Alpmulden in ihrer Verlassenheit, die herabfahrenden Stürme. Sie liegen schlaflos in ihren Hotelbetten, verängstigt in die Schneehelle über den Bergen schauend. Auf den scharfkantigen Kämmen ist ein Wirbeln schneeiger Luft sichtbar geworden, ein sich überschlagendes Zerstieben von Eisschleiern. Manchmal werden solche weiße Luftwirbel heruntergeweht und lösen sich auf, aber andere, neue Wirbel werden sichtbar und treiben auf den Gebirgsrändern dahin, die von einer großen Ferne erleuchtet in der Nacht stehen.

Die unscheinbarsten Vorgänge in den Straßen haben etwas Abschiednehmendes. Die dünnen Glasscheibchen des Wettertelegrafen werden mit winterfesteren ausgewechselt. Die Kellner des Hotel Edelweiß stehen bereits gegen Mittag unbeschäftigt vor dem Hoteleingang, als könnte jeder Tag ihr letzter hier sein. Ein Zimmermädchen scheint in eines der nun schon länger leerstehenden Hotelzimmer an der Schattenfront umgezogen zu sein, eines Morgens sehe ich es von meinem Fenster aus abschiedwinkend hinter den halb zugezogenen Vorhängen. Es steht dort, eine leicht verschwommene Gestalt, im blaßfarbenen Nachthemd, unbeweglich, unten ist sein Geliebter, ein südländischer Kellner, reisefertig. Auch er steht unbeweglich, ein Monument auf dem Platz, und schaut zum Fenster auf, wo das Zimmermädchen wie eine der Herrschaften, die es lange genug beobachtet und bedient hat, mit einer fast vollkommen nachlässigen Müdigkeit gegen die Vorhänge lehnt. Von Zeit zu Zeit hebt es die Hand. Und winkt. Dann hebt auch der Geliebte unten die Hand und winkt. Sehr langsam, nur ein paarmal hin und her, als müßte er die vor seinem Gesicht schon zunehmende Ferne wegstreichen, oder ist es das Verschwommene über dem Bild des Zimmermädchens. Dann lassen beide die Hände wieder sinken und stehen unbeweglich. Endlich muß der Kellner das abfahrende Kursauto erreichen. In diesem Moment hebt das Zimmermädchen mit nackten Armen den Vorhang vom Gesicht weg und läßt ihn auch schon endgültig fallen, jetzt, noch im Fallen des Vorhanges, flüchtig gähnend. Nach ein paar Tagen scheint auch dieses Zimmermädchen abgereist zu sein. Die Fensterläden jenes Hotelzimmers, wo es abschiedwinkend stand, bleiben geschlossen. Die hochflügligen Türen der Säle im Parterre werden verrammelt, mit Wällen von aufgeschichteten Holzlatten, als fürchtete man bis in den Ort herunterfahrende Lawinen, selbst die Balkontüren der hochgelegenen Hotelzimmer werden mit Brettern abgedichtet gegen das Zuwehen des Schnees. Die Frühstückssäle und Tanzhallen scheinen in überstürzter Eile verlassen worden zu sein. Durch die bis zu Dreiviertelhöhe verrammelten Fenstertüren sieht man noch Kaffeekännchen und weiter hinten, gegen die Tanzfläche zu, die Sessel in aufgebrochener Sitzordnung, als wären die Gäste eben zu einem der Tänze aus dem immer noch aus Blumenflor und Alpenglühn bestehenden Repertoire gegangen.

Während im Innern des Arbeiterhauses mit zu Ende gehender Saison die Lebhaftigkeit steigt, nehme ich in den Sälen der Hotels zunehmend vereinsamt meine Nachtessen ein. Nach einer alten Übereinkunft erhalte ich als Kustodin des Museums die Mahlzeiten unentgeltlich in allen Hotels des Gebirgsortes, und dies nach einem bestimmten Turnus, der mir am ersten Tag meiner Ankunft, in genaueste Termine detailliert, bekanntgegeben worden war. Während draußen die Schneeflocken wieder beginnen zu fallen, sitze ich an meinem Tischchen im Eßsaal eines der letzten Hotels, die noch nicht geschlossen haben. Ich bin der einzige Gast. Der letzte. Hinter den verschieden hoch gestaffelten Gläsern steht immer noch die Platzkarte für mich: Custode de N. Man hat mich gegen die Wand der Saalmitte vorgeschoben, rings um meinen Tisch breitet sich eine Unzahl weißer Gedecke aus. Blinkende Reihen von Kelchgläsern. Die Tellermulden spiegeln, nur die Platzkarten fehlen und die aufgekrönten steifen Servietten. Desungeachtet reicht mir der Kellner, schweigsam und höflich, die vollständige Menükarte des Tages. Gang um Gang trägt er mit undurchdringlichem Gesichtsausdruck herein, es fehlen nicht das Poulet de France doré, am Mittag nicht die Poires Emmy Destin und am Abend nicht die Knickerbocker Glory. Die Glastüren des Eßsaals gehen nicht ein einziges Mal. Man scheint sich nach meiner Einsamkeit zu richten. Am nächsten Abend, als ich durch das weiße Meer von Tischtüchern meinen Platz zu erreichen suche, hängen die sonst strahliges Licht verschwendenden Leuchter erloschen im Dunkeln der Saalhöhe. Nur über meinem Gedeck verbreitet ein heruntergelassener Leuchter noch Helle, die Dämmerigkeit des übrigen Saales erst recht hervorhebend. Man läßt mich warten. Manchmal fällt ein Gang aus. Ich blicke immer seltener auf meinen Teller. Deutlicher als im vollkommen erhellten Saal stehen nun die Stützsäulen weiß hintereinander, ziehen sich hoch oben an den Saalwänden die Estraden hin, durch zierliche Vergitterungen abgesichert. Hin und wieder schießt aus diesen estradenartigen Wandgängen das glasige Auge eines ausgestopften Gemsbockes, der seine Hörner zum Sprung vorstößt, als habe ihn das Knallen von Sektflaschen zu Tode erschreckt und werde er im nächsten Augenblick aus der Saalhöhe, über die zierlichen Estradengeländer hinweg, in die Puddingberge und Vanilleseen hinunterstürzen. Teller um Teller wird mir hereingetragen, es schmeckt alles gleich, denke ich jetzt, verkocht, die aufgewärmten Überreste der Hochsaison, die Leuchter oben hängen im Dunkeln. Ich redete gern ein wenig mit dem Kellner, hörte gern, die Stille des Saals verdrängend, sein spöttisches Gelächter über meine förmliche Tischeinsamkeit, aber er zieht sich zurück. Er steht mit verschränkten Armen vor der Flügeltür, in statuenhafter Ruhe. Alles an ihm drückt Überlegenheit aus. Er überblickt die Reihen der Kelchgläser, die aufblitzenden Besteckformationen. Auf gespenstische Art scheinen sich unter seinem Blick die hier sonst vornehm flüsternden Massen, denen unter erloschenen Leuchtern gedeckt ist wie für einen letzten Gang, noch einmal zu versammeln und sich stumm seinem lang zurückgehaltenen Triumph zu fügen. Mein Nachtisch fällt aus. Der Kellner verneigt sich. Ich höre noch das Auf- und Zuschlagen der Flügeltüren nachhallen, als ich schon durch die von niedrigen Steinmauern durchzogenen Wiesen zum See laufe.

Die Dämmerigkeit über dem hartgrasigen Wiesland scheint dieselbe zu sein wie diejenige im Eßsaal, dasselbe endgültige Grau, von einer leichten Schwere, einer stoffartigen Unbewegtheit. Über der Welt ist ein grauer Vorhang gefallen. Die Kulissen stehen noch da, die Estraden im erloschenen Saal, die Bergschatten am See. Am südlichen Uferende, wo die Welt aufzuhören scheint, steht die Leere des Himmels, ein Glassaal, der Wal hängt von der Saalhöhe herab, dunkel, die Schwanzflosse erstarrt. Vom Wal her breitet sich immer wieder die Dämmerigkeit aus, und wir sind im Zweifel, wie lang wir uns dieser Erblindung hingeben können. Das Licht ist flüchtig. Es flieht uns schnell, wenn wir es nicht einatmen, uneingeschränkt, als müßte es jede Pore und jede Ader in uns zum Erleuchten bringen. Die Dunkelheit aber schluckt, was ihrem Sog verfällt. In der Himmelsleere über dem See ist der Wal aufgetaucht. In seinem durchsichtigen Fischbauch wimmelt es von Menschen. Kopf an Kopf, in dichten Schwärmen, in gedrängtesten Massen. Sie haben das Gesicht von mir abgewandt, zugekehrt der Himmelsleere vor ihnen, Schulter an Schulter, wartend wie auf eine große Kundgebung. Alles ist Aufruhr im Innern des Wals, rötlich beschienen von der Abendhelle, schön soll der Tag sein, dem solches Licht vorausging oder ist es der Widerschein einer Blutröte. Alles ist Erwartung, Besammlung. Nur der Wal selbst hat die erloschenen Augen gegen mich gerichtet, gegen Fabrizio, gegen alle, die in die Höhe seines Glassarges schauen, diese Augen, die gewaltige Stirn, das Gewölk seines Atems, blind.

# Fünftes Kapitel

## Das Darmlabyrinth

Ein Vorhang ist grau über der Welt gefallen. Unser Kind hat das Licht der Welt erblickt, meldeten die Eltern, und was wußten wir über die Beschaffenheit der Lichter. Dämmerigkeit franst vom Himmel, siebt das Licht. Der Wal hat seine Bartenwände, kulissenartig hintereinander vom Gaumen herabhängend, zugeklappt, um die hellen Krillschwärme einzufangen. Wir sind hineingezogen worden, von Anfang an, in die Gierigkeit des Lebens. Wie die Mutter in dem Zimmer, wo wir lagen, mit sich änderndem Tageslicht die Jalousien hinauf- oder herunterzog, so wechselten über unserem Aufwachen verführerische Bilder. Kaum des Gehens mächtig, suchten wir an ihnen vorbeizugelangen, Ausschau haltend nach neuen. Die alten Jahre schlossen sich wie gemalte Kulissen hinter uns. Eben noch von Bewußtlosigkeit getragen, gerieten wir unversehens in eine wunderbare und schreckliche Maschinerie.

Die Innenseite der Barten beim Wal ist fein und haarig, ineinander verfranst. Eines Tages erwachen wir und sehen uns, zerzaust und mitgenommen, in einem Gewirr von Erscheinungen und Verschuldungen. Wir möchten zwar nicht mehr zurück. Unser Eroberungshunger hängt sich auf einmal an die in größter Nähe aufleuchtenden

Dinge, die Innenlandschaft der nächsten Personen, ihre Intrigen und ihre Verführbarkeit. Früher waren mir die Menschen nur wie Glastüren, durch die ich zur Welt gelangen wollte. Jetzt scheint mir plötzlich in ihnen selbst alle Trübnis und alle Gewitterhelle auf, unbefahrene Inseln und das Schiff des Kolumbus.

Aber rede ich mit Fabrizio? Er würde es bezweifeln. Wir haben diese Reise unternommen, um vor dem Wal unsere Klarheit zu finden. Aber die Reife des Redens haben wir noch nicht. Vielleicht reden wir nur zu uns selbst, wenn wir zusammen sind. Einmal hat das Fabrizio mit einem Kühlerwerden in der Stimme bemerkt, weißt du, daß du in deinem Reden nur dich selbst beschwörst? Mir fällt es manchmal schwer, mit andern umzugehen. Als sei ich verspätet zu den Menschen gekommen, auf einem abseitigeren Weg als die andern. Während sie das Kennenlernen schon beherrschen, ist für mich alles bestürzend neu. Deshalb reißt mich oft jemand hin, ohne daß er dies bedenkt, oder ängstigt mich, daß ich zu mir selbst wie unter einen schützenden Glassturz flüchten muß. Mein Verhältnis zu den Menschen ist ein maßlos staunendes, ein ungeduldiges und zitterndes. Man wird mir das nicht ansehen. Ich kann manchmal in die Welt blicken wie aus einer Bergwand herausgeschnitten, mit jenseitigen Augen, auf der geraden Stirne nicht das geringste Kräuseln. Kaum einer schlösse dann auf das Unnachsichtige in mir, die Spur gereizter Trauer, oder das Verzückte bis in die Fingerspitzen hinaus. Zu gern allein, wird mir jedes Zusammensein mit andern ein Fest, bei dem ich die Maßstäbe verliere. Fabrizio findet meine Heftigkeit zwar gefährlich, diese Ablehnungen und diese unbedingten Zuwendungen. Manchmal dieses Herrische an dir, sagt er, und oft auf einmal wieder dein vorbehaltloses Annehmen auch der turbulentesten Person. Dann sitzt du da, in höchster Zufriedenheit, wie ein Schaf vor einem Berg von Süßigkeiten. Es gibt aber Auseinandersetzungen, die mich nicht locken. Das Angehaltene der Stille fehlt in ihnen. Die Spannung mit den langen Schatten. Die Empfindung von Raum im Gespräch, der deutliche Zustand vom Gehen durch Gänge. Ein Gehen wie unter Lichteinschüssen.

Vielleicht sind auch die Krillschwärme des Treibens auf offenem Meer müde und begehren eingelassen zu werden, durch das Gittertor des Walmauls, in die inneren Gedärme. Mit glänzend weißer Schleimhaut ausgeschlagen, schimmert ihnen der Vormagen entgegen. Hier, von den weißschleierigen Häuten getäuscht, geschieht ihnen das erste Weh. Sie werden gestoßen, zerdrückt und aufgerissen. Sie sehen sich weitergetrieben den violettfarbigen Wölbungen des Hauptmagens entgegen, und dort, von Säuren zersetzt, unaufhaltsam schließlich, dem endlosen Darmkanal zu. Es gibt Wale mit einer Darmlänge von hundertsechzig Metern, man stelle sich

in diesem Ausmaß einen fast dem Blick ent-
schwindenden Säulengang vor, nun aber gewun-
den, verschlungen. Die Verdauung ist in vollem
Gang.

Fabrizio ist von den Sacktuchballen aufgestanden. Eine lähmende Furcht vor dem Verschlin-
genden des Wals hat uns befallen. Die Vorstellung seines gigantischen Darmtraktes erdrückt
uns. Wir beginnen auf dem Platz vor dem Glassarg umherzulaufen, die eingeschlafenen Füße
zu bewegen, die etwas verkühlten Arme, wie
man nachts oft im eigenen Zimmer umhergeht,
um sich seiner selbst wieder zu vergewissern oder
die Übermacht eines Kummers zu mindern. Der
Wal erscheint uns jetzt als Mörder. Immer noch
steht der gefräßige Schlund halb offen, von daher
muß der unerträgliche Geruch der Verwesung
ausströmen, von weit her, aus einer tödlichen
Tiefe. Dort liegt die Beute der Raubzüge, meist
ganz verschlungen, Seehunde, Pinguine, Seelö-
wen und Delphine. Es gibt Wale, die sogar
andere Walarten anfallen, ganze Stücke aus den
Brustflossen reißen, aus den Lippen, aus der
Zunge und aus dem Mundboden, bis der Blut-
verlust so groß ist, daß das Opfer das Leben
läßt und weiter gefressen werden kann. Warum
hat man uns dieses mörderische Untier in seinem
Glassarg herangewälzt. Will man uns an das
Monströse einer neuen Schreckenszeit gewöhnen?
Von jeher haben zu Ende gehende Epochen ihre
Gigantenbilder aufgebaut, unter blaubebänder-

tem Jubelgeschrei ihre Katastrophenschiffe übers Meer geschickt und sich zur Hellseherei geflüchtet. Wir aber wollen uns nicht an den Wal gewöhnen. Wir lassen uns nicht betäuben, nicht blenden, weil wir keinen Untergang mehr wollen. Wir sind gekommen, um von der Masse des Wals Schicht um Schicht freizulegen, in der durchsichtigen Beherrschung dieser Nacht, weder der Verzauberung noch dem Schrecken endgültig verfallend.

Der Verdauungsapparat des Wals ist eine Staatsmaschinerie monströser Größe. Hier wird, was noch nicht genügend zerkleinert und zerrieben wurde, restlos aufgeweicht und gefügig gemacht. Jeder Staat stellt gern den andern als Land- und Menschenverschlinger hin, um von den eigenen Verdauungsgeräuschen abzulenken. Die Erkenntnis aber wird so ausgetrieben. Früh hat man uns die Idee des Kommunismus als blutrünstigen Drachen eingeprägt und uns Kinder davor bis in die Knochen erstarren lassen. Eines Tages ist der Drache, gräßlich bunt bemalt, über den Hauptplatz gezogen und hat unter den etwas befremdenden Bekenntnissen der Moralischen Aufrüstung gezeigt, was der Abgrund und die Hölle des Kommunismus ist. Es war ein einmaliger Auftritt, eingeschüchtert folgten wir Kinder dem exotischen Spektakel. Blut geiferte aus dem auf- und zuschwappenden Drachenmaul, ein Kind rief zwar plötzlich erlöst: Das ist nur Tomatensauce! Aber das half uns wenig.

Lang fürchteten wir den Kommunismus als das Höllenmäßigste der Welt. Meine Schwester bereitete für den Fall eines Einmarsches detaillierte Fluchtversuche vor, die sie mir nach jeder Abänderung pünktlich unterbreitete. Am entschiedensten konnten wir uns für ein Versteck im Mythenwald erwärmen, in dessen Finsternis man uns sicherlich nicht aufspüren würde. Zudem würden sich die Kommunisten niemals auf den Mythen getrauen, man konnte sich also im schlimmsten Fall immer noch unter einem überhängenden Felsblock eine Höhle einrichten, natürlich nicht auf der dem Dorf zugewandten Seite, sondern auf der anderen, verlassenen Alptälern zugekehrten, wo einem immerhin noch von fern der himmlische Beistand von den Türmen des Klosters Einsiedeln zuwehen würde. Im Grunde aber war ich überzeugt, daß der Überfall während einem der tagtäglichen Schulgottesdienste erfolgen würde. Auf einmal ginge das Hauptportal auf, und der mild die Pracht des barocken Kirchenhimmels widerspiegelnde Mittelgang erdröhnte von dem eisenbeschlagenen Schuhwerk der Einmarschierenden. Jedes Kind müßte einzeln vor den schnell umzingelten Hochaltar treten und, nach seinem Glauben befragt, laut Ja! oder Nein! rufen. Es war eine grausame Prüfung mit sofortigem Erschießen. So gern man eine der weißgewandeten lorbeergeschmückten Märtyrinnen auf den Seitenaltären der Kirche gewesen wäre, brach einem doch bei der bloßen Vorstellung der Schweiß aus.

Aber jetzt läuft ein Riß durch die weißen Marmoraugen. Die Verzerrungen sind uns aufgegangen, die kaltwütige Abwehr verdächtig geworden. Der Lorbeerschmuck über den Kindheitsvorstellungen ist abgeblättert im Wind, der durch das weitoffene Hauptportal hereinweht. Die Blätter fliegen lose zwischen den weißbestuckten Säulen hindurch, hinaus gegen einen anderen Horizont mit einem anderen Himmel darüber. Geblieben ist mir, in einer sich schon fast der Kontrolle entziehenden Schicht, eine extreme Auffassung von Sozialismus. Als bestürzende Notwendigkeit. Ich muß meine Herkunft und meinen Welthunger im Licht dieser Radikalität überdenken. Ein Schuldgefühl? Früh standen wir vor dem Anspruch eines Glanzes, der mit uns aufwuchs. Die Abkehr davon fürchten wir wie unseren eigenen Zerfall. Das geringste Abwenden, kaum merklich für die andern, macht schon unsere Unruhe aus und das Brennende in uns. Das ekstatisch Entrückte des Kirchengewölbes über unserer Kindheit läßt das Unversöhnliche der Maßstäbe nie verblassen. Wir wechseln Kirchenschiffe mit lustig bevölkerten Dampfern. Der Sozialismus aber ist ein roter Psalm geblieben.

Und dennoch ertrage ich gerade an ihm die Kirchenluft am wenigsten, sage ich zu Fabrizio. Devote Gläubigkeit beengt mich. Hellhörig geworden, traue ich dem Fanatismus nicht mehr. Wir müssen Ausschau halten nach einem neuen Weg.

Vorgezeichnet ist er, doch die Spuren sind spärlich. Wir suchen in der Offenheit an Land zu gewinnen. Wie gern wären wir klar, militant. Fabrizio, eine verführerische Vorstellung! Um die Militanten ist ein anrüchiger Glanz. Auch trägt der kollektive Zorn, man ist darin aufgehoben, bestärkt. Er schießt über das Komplizierte, Begrenzte des Menschlichen hinaus. Dennoch: Wir sind nicht hergekommen, um uns täuschen zu lassen. Sondern um den Andrang von Wirklichkeit zu erfahren.

Frau Golzowund hatte Fabrizio damals bei der Arbeitssuche geholfen. Schon in den ersten Tagen war sie mit ihm zur Tempelhofer Polizei gefahren, um die nötigen Formalitäten pünktlich zu erledigen. Wahrscheinlich hatte sie Fabrizios etwas ablehnendes Zuwarten bemerkt, denn in der U-Bahn sagte sie leichthin: Ich halte nichts vom Verschleppen solcher Angelegenheiten. Stört Sie meine preußische Genauigkeit? Es ist sinnlos, diese nun einmal existierende Staatsmaschinerie ignorieren zu wollen. Wer sie nicht kennt, kann auch nicht mit ihr umgehen. Vor dem kasernenartigen Polizeigebäude in Tempelhof beschrieb sie Fabrizio aus dem Gedächtnis, welches Stockwerk, welchen Seitengang er zu betreten hätte. (Sie schien die Stadt, das weitverzweigte U-Bahnnetz, aber auch das Innere von Häusern wie auf einem ständig erleuchteten Plan vor sich zu haben.) Gehen Sie, drängte sie Fabrizio, ich fahre allein zurück. Es kann lange dauern, bis Sie ab-

gefertigt werden. Sie wandte sich um und tastete sich mit dem dünnen Blindenstock, den Ober-
körper leicht zurückgelehnt, in einem Ausdruck
der vollkommenen Beherrschung ihrer Lage, der
Straße entlang. Im Vorraum des Gebäudes irritierte Fabrizio ein ruckelndes Geräusch. Im Um-
hersehen gehindert durch teils starre, teils jäh
sich auflösende Ansammlungen von Wartenden,
konnte sich Fabrizio über die Herkunft des Geräusches keine Klarheit verschaffen. Als er nach
dem Lift fragte, wies man ihn in die Richtung
jenes Geräusches, und plötzlich über die Köpfe
der Umherstehenden hinwegsehend, bemerkte
er eben noch in einem Aufzugsschacht verschwin-
dende aneinandergedrängte Beine, das unbewegte feindliche Zusammenstehen von Schuhen. Es
handelte sich um einen offenen Fahrkorb, ununterbrochen in Bewegung begriffen, man konnte
sich nur durch ein ebenso geistesgegenwärtiges
wie blindes Hineinspringen die Weiterbeförde-
rung sichern. Es waren alles Ausländer, die den
Fahrkorb, die Zugänge zu den Amtszimmern
verstopften. Zwischen den Stockwerken nahm
im Fahrkorb das Dunkel überhand. Fabrizio gab
sich Mühe, nicht die geringste Bewegung zu ver-
ursachen. Unfähig, in Türkisch oder Jugoslawisch
etwas Verständliches zu sagen, befiel ihn eine
eigenartige Furcht, betastet zu werden. Von
hinten her, über den Rücken, den Nacken, zum
Gesicht hin. Auf dem ihm von Frau Golzowund
bezeichneten Stockwerk sprang er ab.

Fabrizio hatte mit zwei bis drei Stunden des Wartens gerechnet. Nach vier Stunden saß er immer noch in dem schweißigen Saal, wo an der Wand in ziemlicher Höhe auf einer Leuchtschriftzeile die Paßnummern der jeweils Aufgerufenen erschienen. Der Saal glich dem Wartesaal einer Durchgangsstation. Den Wänden entlang zogen sich Bänke, in der Mitte um einen langen Tisch ebenfalls Bänke, überall saßen oder hingen und schliefen Türken, Griechen, Jugoslawen, Eßreste lagen herum. Rauchen sah man fast niemanden, ein solch nervöser Zeitvertreib hätte auch nicht der unbestimmten Ergebenheit entsprochen, mit der man sich in diesem Saal niederließ. Eine hin und wieder aufflackernde, aber in allem eher apathische Unruhe füllte den Saal. In den Gängen hörte man kommende und sich entfernende Schritte. Im Saal hingen die meisten mit müder Gespanntheit an den Leuchtschriftnummern. Fabrizio fühlte mit zunehmender Beklemmung, wie abhängig er von dieser Nummer war, die nichts und alles über ihn aussagte, die ihn zulassungsfähig, verwendbar machte, ihm Normalität verlieh, dreidreifünfzweisiebeneinsneun, durch die er in ein Register einging, in ein spinnwebartiges System von Karteien. Eine Übelkeit erregende Leere im Magen ließ Fabrizio nach den Pfannkuchen in seiner Manteltasche greifen. Er verließ den Saal und ging, Pfannkuchen essend, im Gang auf und ab. Ein dürftig angezogener Türkenjunge lehnte in einer Ecke und musterte Fabrizio mit begehrlichen Augen. Fabrizio ging langsam auf den Jungen zu, um ihn nicht zu erschrecken, und streckte ihm einen Pfannkuchen hin. Das kleine, von einer ungesunden Blässe bedeckte Gesicht wurde plötzlich ganz ausdruckslos. Der Junge rührte sich nicht. Starr blickte er an Fabrizio und dem angebotenen Pfannkuchen vorbei. Fabrizio kam sich wie ein Verführer vor. So kommt zum Elend noch das Mißtrauen hinzu, dachte er bitter. Es ist die Angst der Kinder von der Görlitzerstraße, das lauernd Abweisende der Türkenjungen in der Manteuffelstraße, sie klettern in verlassenen Stockwerken herum, auf den Schutthaufen abgerissener Häuser, Bretter und leere Bilderrahmen in Pappkoffern füllend, immer mit hastigem argwöhnischem Blick, immer fluchtbereit. Durch die Fensteröffnungen heruntergekommener Fassaden sieht man die losen Tapeten wellen, noi siamo come gli uccelli, sagte Fabrizios Mutter, wir sind nirgends zu Hause.

Fabrizio hatte dann nach mehreren Tagen des Suchens und Sichdurchfragens eine vorläufige, aber immerhin verlängerbare Arbeit als Zeitungsverkäufer einer Morgenausgabe gefunden. Verkaufsplatz waren die U-Bahnstationen, bei wochenweisem Wechsel, vom Schlesischen Tor bis Neu-Westend, dann fand er einen Standplatz am Zoologischen Garten. Es waren aber stets die Nachtstunden von zwölf bis sechs Uhr früh. Ich führe ein unterirdisches Leben, schrieb er mir, bis ich in die Görlitzerstraße komme, ist es schon Morgen. Dann bin ich so kaputt, daß ich oft bis in den Nachmittag hinein schlafe, und dann wird es schon bald wieder dunkel. Es wird so erschreckend schnell dunkel hier. Kaum habe ich etwas gegessen und die Putzerei für Frau Golzowund erledigt, muß ich wieder lossausen in den Tunnel, und der Erde Riegel schließen sich hinter mir ewiglich. Das letzte ist im Fall nicht von mir, sondern las ich gestern bei Frau Golzowund, Jonas soll das im Bauch des Wals geschrien haben. Seit Fabrizio in der Unterwelt arbeitet, wie er sich ausdrückt, ist ihm, er sei in das Verdauungsinnere der Stadt hineingezogen worden. Was das Licht des Tages mühelos schluckt, stößt in der Nacht auf. Lebensmüde treiben umher, Betrunkene erbrechen sich über die Bänke, Wütende fahren einander an die Gurgel und lassen dann wieder die Arme hängen, willenlos von der matten feuchten Schlaflosigkeit, die aus den Tunnels weht. Die Übernächtigten liegen unter von schwarzem Staub bedeckten Leuchtern in bewußtlosen Umarmungen. Es gibt aber auch U-Bahnstationen, kalt und grell ausgeplättet wie Schlachthöfe, wo jeder Wartende erstarrt. Der Luftzug aus den Tunnels bringt den Geruch von Blut und den Lärm sich nähernder, gehetzter Tiere. Sie kommen näher und näher, ein schrilles hysterisches Winseln, ganze Rudel von Ratten rasen aus den Tunnels heraus, jagen kreischend durch die Gänge, überfluten die Treppen, stürzen in widerlichen Sprüngen die Rollbahnen herunter, um wenig später aus dem letzten noch leeren Gang die Schnauzen hervorzustrekken.

Seit Fabrizio in den künstlich erhellten Tunnels arbeitet, ist ihm, er reiche näher an die innere Grausamkeit einer Lebensmaschinerie, deren Gegenwärtigkeit uns sonst meist nur in einer formlosen Ahnung streift. Zermürbendes Warten und Verfolgungen lösen einander hier ab. Wer nicht zweifellos und rechtzeitig in die sich öffnenden Wagen eilt, sondern richtungslos und blind vor Kummer in den Graben fällt, wird lautlos überfahren und zermalmt. Fabrizio ist, als würden Nacht um Nacht immer mehr Teile von ihm auf gespenstische Weise abbröckeln. Verunsichert drängen sich ihm die Zusammenhänge seiner gelebten Jahre auf, diese vielleicht nur erfundenen Übereinstimmungen. Er sieht auf einmal Verhältnisse, frühere Beziehungen, sieht sich selbst ins Gesicht. Merkwürdig aber ist, daß diese Erschütterungen nicht zuerst von jenen Brutalitäten ausgehen, die ihn in den verlassenen U-Bahnstationen aufschrecken, sondern aus einer Unauffälligkeit herkommen, die ihn nicht plötzlich verändert, aber unaufhaltsam verwandelt hat. Die Unauffälligkeit der Worte, die an ihn gerichtet werden in der zu Ende gehenden Nacht, das Inständige von Blicken, das spöttisch Fragende um die Mundwinkel, die mühsam eingedämmte Trauer. Die herausfordernde Gleichgültigkeit. Vielleicht war es vor allem das Mädchen, das jede Nacht auf der Rolltreppe hinunterfuhr, einen langen buntgestrickten Schal um den Hals.

Fabrizio stand auf seinem Platz. Es ging auf ein Uhr nachts zu. Der erste Ansturm von Käufern, dieses nervöse Gedränge von Geldzählen und hastigen Händen, die ihm die Morgenausgabe aus den Armen zerrten, schien vorüber. Es waren meist übermüdete, gereizte Wohnungssucher, die ihn mit ihrem Ansturm fast vom Platze rissen. Fabrizios halbschläferiges Dastehen, leicht nach vorn gebeugt von den die Arme schwer herunterziehenden Zeitungspacken, ein eingenicktes Standbild, vergrößerte nur noch die Hektik der Wohnungssucher. Kaum hatten sie die Zeitung zwischen den Fingern, entstand ein panisches Gerenne zu den Telefonautomaten, von wo aus die Wohnungsinserenten erbarmungslos geweckt wurden. Wer Glück hatte, blieb am Draht und verhandelte mit dem Ingrimm und der wütenden Zähigkeit des Schlaflosen über Mietpreis und Abstand, zähneknirschend über das Ausmaß des Gerümpels, den man ihm aufzuhalsen gedachte. Fabrizio sah leicht benommen in die sich jede Nacht wiederholende Hektik und in ihr Verebben. Der Luftzug aus den Tunnels schien ihm kälter als sonst. Vor den Augen wolkte ihm der Atem, durch die Beleuchtung in glitzernden Dunst gerückt. Am Eingang des Dunkels, das aus den Tunnels schlug, stand Frau Golzowund und streckte Fabrizio die Hände mit den aufgeschnittenen blaßgrünen Dillgurken entgegen. Der Dunst flog. Aus dem Tunneldunkel fuhr der schöne schneeige Arm der Katharina von Golzowund, wo ist die Bastille unserer gestorbenen Revolution! Fabrizio sah in die verschwindenden Atemwolken. Was übrig blieb, kroch die Rolltreppen herauf, auf denen ein langer buntgestrickter Schal hinunterfuhr, er schwamm durch Fabrizios Benommenheit, flatternde Kringel von Gelb, von Fahnenrot, von warmem Grün. Die farbigen Kringel läuten und schellen noch immer durch den Morgendunst, hast du eine Zeitung, sagt eine Stimme neben Fabrizio, und er sieht in zwei schwarze Punktaugen.

Die zwei Punktaugen und der buntgestrickte Schal gehören zu einem Mädchen, das Fabrizio leicht verwundert anschaut. Mach schon! lacht sie, mir werden sonst wieder alle Wohnungen weggeschnappt. Oder es steht nächstens eine Notiz in der Zeitung, daß man mich verrückt von der Wohnungssuche aufgefunden hat. Sie kauert sich dann aber neben Fabrizio und bleibt da sitzen, ohne in einer Zeitung zu blättern. Sie fahre längst nur noch aus Gewohnheit mitten in der Nacht mit der U-Bahn herum, als Mieterin wolle sie sowieso niemand. Wo sie denn vorher gewohnt habe, fragt Fabrizio. Sie schaut ihn ausdruckslos, mit einem Anflug von Abschätzigkeit an. Dann plötzlich, mit einer fast ungewollten Bewegung, kritzelt sie auf einen Zeitungsrand den Innenhof eines Hauses. Sehr hohe quadratische Mauern, die Kritzelei ist etwas undeutlich, das Mädchen hat zusehends mit dem Stift geschmiert und hält nun das ganze Fabrizio vors Gesicht, kennst du das. Fabrizio schüttelt den Kopf, sie schreibt darunter: Untersuchungsgefängnis. Deswegen fahre ich auch nachts mit der U-Bahn herum, ich gehe nicht mehr gern durch die Stadt. Ich fühle mich andauernd bespitzelt. Sie kommt nun jede Nacht auf der Rolltreppe heruntergefahren und bleibt bei ihm sitzen. Sie hat eine Art, Fabrizio anzuschauen, daß ihm alles Bisherige ins Fragwürdige abfällt. Sie spricht wenig, manchmal von der Untersuchungshaft, von der Kommune, in der sie vorher gelebt hat, von der Arbeit im Kaufhaus, jetzt ist sie arbeitslos. Sie drückt sich nüchtern, für Fabrizio ungewohnt selbstverständlich über schwierige Verhältnisse aus. Sie lehnt vieles ab, fast alles, was herkömmlich ist, gerade das gibt ihr eine scheue Offenheit. Fabrizio hat rasch gemerkt, wie schwer es ihm fällt, sich verständlich zu machen. Ein Ausdruck von Ungeduld und enttäuschter kurzer Traurigkeit liegt dann um ihre Augen. Du bist wirr, sagt sie, man kann aber nicht nur atmosphärisch leben. Bevor sie geht, steht sie vor Fabrizio, eine unerwartet sinnliche Ernsthaftigkeit im Gesicht. Er hat sie aber nicht umarmt, aus dieser innersten Verunsicherung heraus. Die anderen Male geht sie nun, ohne ein Wort zu sagen. Du sprichst fast nie von dir, sagt sie, vielleicht, weil du dich viel zu wichtig nimmst. Hast du dich überhaupt schon einmal für jemanden ganz riskiert? Fabrizio hat Angst, er weiß das jäh. Angst vor dem Zersetzenden, das von den schlaflos umhertreibenden Massen auf ihn übergeht, Angst vor dem abbröckelnden Bewußtsein über ihn selbst. Vor der gärenden Verwesung, dem Verwandelnden dieser Tunnels. Solange du dir selbst eine falsche Bedeutung gibst, siehst du auch die Massen nicht richtig, sagt das Mädchen. Erst die richtige Einschätzung der Massen gibt dich auch dir selbst wieder zurück. Fabrizio wartet jede Nacht auf den herunterfahrenden buntgestrickten Schal, unruhig, sie geht jetzt oft schneller wieder fort. Sie hat dann etwas strahlend ins Vergessen Abtreibendes. Einmal sitzen zwei Vergammelte bei ihnen und küssen einander, sich auf den Boden werfend, plötzlich heftig. Das Mädchen mit den Punktaugen, dem langen buntgestrickten Schal um den Hals, sieht Fabrizio gerade ins Gesicht. Er fühlt, wie er ganz kurz errötet. Sie ist danach nie mehr gekommen.

Fabrizios Verunsicherung blieb. Das Mädchen fuhr nie wieder die Rolltreppe hinunter. Das Ausbleiben der ebenso klaren wie beunruhigenden Gespräche versetzte Fabrizio in einen Mangelzustand. Gleichzeitig wußte er, daß es nun nicht darum ging, sich aus diesem Zustand fortzustehlen, indem er sich zur Beruhigung eine leicht wieder zu vergessende Schuld oder eine Scheinbeschäftigung suchte. Er mußte mit dieser Verunsicherung leben. Er stand in der U-Bahnstation mit anderen Augen. Kann man überhaupt allein die verratenen Sinnzusammenhänge konkret erfahren? Fabrizio entbehrte nun diese erlebten Momente der unauffälligen Kollision mit Wirklichem. Er arbeitete zwar. Endlich ließ er seine Verschlossenheiten fallen, sah vorbehaltlos hinein in das Verschlungene des Lebens um ihn. Hatte er nicht bis jetzt vielleicht sogar an Frau Golzowund vorbeigelebt? Nur das Nötige schnell erledigt, mit einer zielstrebigen Distanziertheit, die jede weitere Äußerung einer Bitte von vornherein erstickt hatte. Einmal kam er in die Görlitzerstraße, Frau Golzowund saß schon beim Abendbrot. In der Stadt war Schnee gefallen. Zwischen die schwarzen Straßenschluchten, zwischen die Birkenstämme, hell und schmal an den Enden der Parklandschaften, auf die Glasdächer der U-Bahn. Es schneit, sagte Fabrizio. Frau Golzowund wandte den Kopf. Sichtlich überrascht erhob sie sich ganz und blieb, in sanfter Bestürzung, am Tisch stehen. Es schneit? sagte sie mit plötzlich weichem Staunen in der Stimme, ach. Sie setzte sich langsam und griff über den Tisch nach den Pumpernickeln und aß weiter. Die schwärzlichen Scheiben waren von graugrünem Schimmel überzogen. Frau Golzowund aß langsam, aber stetig, sie aß die schwärzlichen verschimmelten Brotscheiben. Fabrizio erschrak. Ich schneide Ihnen frisches Brot! rief er etwas überstürzt und nahm den Pumpernickel vom Tisch weg, fort in die Küche, hinaus zum Abfall, als er zurückkam, wiederholte Frau Golzowund: Es schneit? Das ist dann für mich eine verwandelte Welt. Ich kenne mich nicht mehr aus. Alles Tasten mit den Fußsohlen, mit dem Stock, meine ganze Präzision darin, ist vergebens. Der Schnee macht mir alles fremd.

Am nächsten freien Tag gingen sie zusammen in den östlichen Teil der Stadt. Frau Golzowund hatte ihren Arm in den Fabrizios gelegt, sie ging aufrecht und angeregt, sie genoß das Ausgehen. Erst jetzt fiel Fabrizio auf, wie blaß sie in der letzten Zeit geworden war. Auf dem Marx-Engels-Platz, den Frau Golzowund wegen der Bauarbeiten nie mehr allein betreten hatte, mußte ihr Fabrizio alles genau beschreiben. Große Tafeln mit Abbildungen der verschiedenen Brigaden säumten die Baustelle, sie erkundigte sich nach den Namen, es waren Söhne ihrer Bekannten darunter, auch Soldaten der Volksarmee waren abgebildet und eine kleine sowjetische Einheit. Auf einer alles überragenden Tafel stand: Bauvorhaben Palast der Republik. Investitionsauftraggeber Büro des Ministerrates. Bauzeit neunzehnhundertdreiundsiebzig bis sechsundsiebzig. Hauptattraktion des Palastes der Republik soll der Große Saal werden, sagte Fabrizio, eine sechseckige Arena mit fünftausend Plätzen, die je nach Umfang und Art einer Veranstaltung verändert werden kann, die Decke ist absenkbar und läßt dann die Plätze auf den Rängen verschwinden, Wände können eingefahren und das Parkett samt den Sesseln hochgeschwenkt werden, das alles im Palast der Republik. Frau Golzowund schwieg. Sie liefen jetzt auf das Museum der deutschen Geschichte zu. Krieg den Palästen, hieß es, sagte Frau Golzowund auf einmal, und im selben Aufruf: Das Volk traute ihnen leider und legte sich zur Ruhe. Erinnern Sie sich? Im Museum der deutschen Geschichte, das sie sehr gut kannte und nahezu bis ins kleinste im Gedächtnis hatte, wollte sie sich nur einiger Sachverhalte vergewissern. Fabrizio ging wie gelähmt und zugleich überwach durch die Säle. Satzfetzen verfolgten ihn. Dir Judensau sollen die Hände abfaulen. Er sah das Schafott des Zuchthauses Brandenburg, auf dem über tausend Antifaschisten geköpft worden waren. Hinter einer Glaswand die lapidare Aufstellung eines Inventars von Lublin und Auschwitz: Frauenhaar ein Waggon dreitausend Kilo, zweiundzwanzigtausend Paar Kinderschuhe.

Nachts schrie Fabrizio im Schlaf. Später hat er mir geschrieben. Es war ein abrupter Brief. Wir wissen, es gibt keine Flucht zueinander. War es denn Betrug von Anfang an, schrieb er, als wir damals, im Winter eines Bergtales, die Gestalt des Guten Geistes durch den Schnee wanken sahen, weiß verkleidet, weiß wie der Schnee. Er ging schwer unter dem weit ausladenden, leuchtend bestickten Kopfschmuck, unter dem in den Winterhimmel ums erhobene Gesicht stehenden Fruchtbarkeitskranz. Die Schellen vor der Brust läuteten hell. Die silbrig herzrot bestickten Blumen zitterten im Gehen. Wir drückten uns an den Schneehang, geblendet, glückshungrig. Wann kommst du.

Wenn ich zu Fabrizio komme, meiden wir die U-Bahn. Für ihn bedeutet sie nur mühsames Herumstehen, Sichwachhalten, Zeitungenloswerden. Wir können aber nicht mehr übersehen, was dort unten geschieht, wir sind gebannt von diesen unterirdischen Gängen, nur daß wir jetzt mit der S-Bahn fahren. Wir fahren tagelang herum, auch nachts, obwohl wir gewarnt worden sind, es hat sich aber nie ein Überfall ereignet. Nur die Abteils sind leerer, die Lampen schwächer, die Gesichter in dieser Beleuchtung hintergründiger. Versunkener. Wir fahren bis nach Wannsee, häufiger zur Friedrichstraße, auch an diesem Winternachmittag wollen wir dorthin. Mietskasernen stauen sich vor den Fenstern, hintereinander gestaffelte Hinterhöfe, bald aber fahren wir im Dunkeln, im Niemandsland der Grenze, wo die S-Bahn nirgends mehr anhält. Einmal erhellt schwaches, geisterhaft bläuliches Licht den Tunnel. Wie ein Spuk taucht die verödete Station Unter den Linden auf. Etwas später Potsdamer Platz, gänzlich verlassen. Keine S-Bahn hält mehr hier, an diesen Orten einst glänzendster Lebhaftigkeit. Das bläuliche Licht verbreitet so geringe Helle, daß wir nicht einmal sicher sind, ob wir im kalten Schatten einer Säule einen Volkspolizisten gesehen haben oder ob es nur ein Trugbild der unwirklichen Verlassenheit war. Ist die alte Welt gestorben? Sie geistert durch dieses bläuliche Licht. (O Winterzukker aus den Kindertagen.) Die Rolltreppen sind zerstört, die festen Bestandteile herausgerissen. Wie Eingeweide starren noch die zerschnittenen Drähte in die Luft. Die S-Bahn fährt vorüber.

Später steigen wir in der Friedrichstraße aus. Unter den Linden ist Weihnachtsmarkt. Er zieht sich am Zeughaus vorbei bis zum französischen Dom. Die Leute schlendern in Gruppen eingehängt, ihr Lachen fällt mit der Karussellmusik zusammen. Lautsprecher hallen, bunte Glühbirnen schwanken an niederhängenden Schnüren über der Straße. Die Buden sind mit Tännchen besteckt. Die Volkspolizisten schießen Papierblumen, zusammenknickende Puppen in zitronengelben Tüllröcken. Im Kanal kreischen die Tiere. Hinter dem verschneiten Treppenaufgang ragen schwarz die Mauern des ausgebombten Museums. Immer erreichen uns nur Bruchstücke. Ein wahnwitziges Ineinander von Krieg und Gesellschaftstraum. Wir aber wollen der Geschichte ihr Licht entreißen und nicht zugrunde gehen an den Vergiftungen, die sie uns hinterläßt. Am unerträglichen, von weit her uns einholenden Leichengeruch. Diese um sich greifenden Vergiftungen machen uns müde, nachlässig gegen die Zerstörungen in unserem engsten Umkreis. Abgestumpft. Die Geschichte ist uns zu monströs geworden. Sie droht uns zu verschlingen. Ein kurzes, argloses Dahintreiben, und das Gittermaul des Wals klappt hinter uns zu.

Wir stehen vor dem in seiner Starre aufgebahrten Wal. Durch die Wandelgänge des endlosen Darmkanals sehen wir hinein in die tödliche Tiefe, aus der uns das von der langen Verdauung Zermürbte und Zersetzte entgegengeschwemmt wird, aus der, unaufhörlich, in Strömen, schwarzes Blut stürzt.

# Sechstes Kapitel
## *Das Herzinnere*

Fabrizio ist verstummt. Auf den Geleisen gegen den schwarzen Berghang zu sind die letzten Nachtschnellzüge vorübergerast. Jetzt erst ahnen wir, wie still die Nacht sein wird. Fabrizio ist mit dem Kopf gegen mich gesunken, er liegt so fremd und ungeschützt im Schlaf. Die stille Schwärze über ihm, die abwesende Trauer haben jetzt noch mehr Gewalt über mich, diese immer noch offen daliegende Kindheit. Durch den Schlaf zugleich ferngerückt und zusammen, sehe ich deutlicher, was uns ausmacht. Unwissend gehen wir unter einer Summe von Erfahrungen, deren zärtlich schweres Gewicht uns blind macht. Eine Verschwendung gelebter Augenblicke! Im Innern dieser Augenblicke sind wir sicher, außerhalb von ihnen fallen wir ins Ungewisse. Wir haben keine Zukunft, weil wir ganz da sind. Die höchste Sammlung ist möglich. Wir müssen nicht zittern um das Eintreffen einer Wunschvorstellung. Zwischen uns selbst, in größter Nähe, mit Haut und Haar, kämpfen wir um unsere jetzige Wirklichkeit.

Manchmal suchte ich, dieser Nähe zu entrinnen. Wollte ich nicht fortgehen von Fabrizio? Wann war das. Ich habe schon eine so weite Gedankenreise zurückgelegt, bin bei Fabrizio angelangt, da bin ich wieder, hergekommen aus weiter Welt. Vielleicht wollte ich mir nur das Reifwerden schenken lassen? Jetzt sind wir wieder zusammen. Daß wir weiterkommen, ist anstrengend, Schritt für Schritt müssen wir uns selbst alles anverwandeln. Diese Nähe, Fabrizio! Wir müssen uns sehen, damit wir über uns nachdenken können. Er muß mich anrühren, meinen Geruch einatmen, um zu wissen, wo er steht. Und ich möchte über uns reden. Sätze wie dunkelbraune Glaswürfel aus uns entstehen lassen, Würfel mit hellen Lichtkanten. Sie kollern leise aufeinander zu. Warum nur kann ich nicht einfach still neben Fabrizio sein? Wir hätten uns an unserem Wachsein wärmen können. Nun ist Fabrizio eingeschlafen.

Ich brauche deine Augen, Fabrizio, und dein mir zugewandtes Gesicht. Deine Augen, ruhig doch dringlich, die sagen: Für mich ist das jetzt gleich, ob du ein Fabriklerkind bist oder nicht, so kommen wir nicht weiter, du weißt aber, wir wollen in die Welt reisen. Wir wollen uns nicht immer wieder auf das Zerquälende der Fronten festlegen. Uns aber auch nicht von den notwendigen Unterscheidungen lossagen, nicht das Vermischte unserer Situation verkennen. Wir sind in eine Vermischung der Welten hineingeboren. Wir leiden an diesem Zwitterzustand, an dieser Verwischung. Aber vielleicht schützt sie uns auch vor endgültigem Terror. Wenn nur das Gehen durch dieses Land nicht so zäh wäre. Mühsam setzen wir Schritt vor Schritt. Sich in dieses Land hineinzuknien!

Wir zwingen die besonnten Abhänge zu uns, den Rauch über den Flüssen, den versunkenen Glanz abweisender Täler, dieses Dasein, das herrlich sein könnte.

Fabrizio schläft. Was wollte ich dir denn erzählen. Vor deinen Augen wird vieles selbstverständlich. Schon gar nicht läßt sich dein Schlaf täuschen, aus dem heraus du mich anschaust. Wir wohnen also in diesem Haus, die Arbeiter, die Frauen, Bernstein und die paar Kinder, wir sind nahezu zwanzig, das weißt du. Wir essen, schlafen, stehen auf, gehen zur Arbeit und kommen ermüdet zurück, tun das nicht alle, wir streiten, schreien und schluchzen und lachen, das ist vielleicht schon seltener. Wir kämpfen darum, wie zu leben wäre. Wir schließen uns aber nicht ab, wir sind viel in der Wirtschaft, wo die Einheimischen sich treffen. Auch wohnen zwei jüngere Frauen aus Surlej mit uns zusammen, eine andere von Isola, deren Geschwister im Gebirgsort arbeiten. Unsere übrigen Bewohner aus dem angrenzenden Nachbarland beherrschen allerdings den hiesigen Dialekt noch immer nicht, doch nehmen sie an allen Ortsereignissen teil, wir fühlen uns nicht als besondere Gruppe, schon gar nicht als Außenseiter. Hat man uns aber dazu gemacht? Es genügte, mit mehreren zusammenzuwohnen, um suspekt zu werden. Wir erinnerten die andern an die engen Einsamkeiten ihres eigenen Wohnens. Diese Herausforderung mußten sie abwehren, durch abfällige Bemerkungen entkräften. Allein schon daß wir keines unserer Fenster mit Vorhängen unzugänglich verhängten, wurde als Seltsamkeit betrachtet. Beim Einnachten blieben die Leute vor unseren erleuchteten Fenstern stehen, neugierig, kopfschüttelnd. Das Ausbleiben eines sensationellen Anblicks hinterließ in ihnen eine leichte Verstimmtheit. Auffallend war höchstens die gewisse Leere, das Unabgeschlossene unserer Einrichtung. Die leben nur in den Harassen! hieß es bald. Auch den Satz über Tinas Bett hatte jemand durch das Fenster lesen können: Erwartet euch von der Kommune nicht mehr als von euch selber. Das gab zu den verschiedensten Vermutungen Anlaß. Mit anbrechender Saison erlosch meist die Anteilnahme an uns. Jeder beschäftigte sich wieder mit seinem eigenen Fortkommen, das Eintreffen der großen Welt, wie sie es nannten, zerstreute sie. Sehnsüchtig sog man die städtischen Einflüsse ein, suchte den Abglanz der herrschenden Mode in den Kleidern, dem Tonfall und den vorfahrenden Wagen der Gäste. In diesem Gewimmel von Geschmack und Umgangsarten tauchten wir völlig unter. Wir waren sogar gern gesehen. Ende der Saison behielten einige ihre Offenheit bei, andere fielen in ihre Vorurteile zurück.

Jedenfalls hatte der Wirt in der Gaststube des Gebirgsortes, wo wir viel mit den andern Einheimischen zusammensaßen, sein Mißtrauen verloren. Er fühlte sich zwar in seinen Sympathien überfordert. Da waren die Ansässigen, bis zur Unentwirrbarkeit der Verwandtschaftsgrade durcheinander verheiratet, Angestellte aus abgelegeneren Tälern, Fremdarbeiter, die Hierarchie der Gäste, langjährige Sommergäste, neue Ankömmlinge, Car-Reisende, Ausflügler. Unter der stolzen, etwas schwerfälligen Unbeeindruckbarkeit des Wirts brachen manchmal die Anzeichen einer beunruhigten Nervosität durch. Sicher hatte er uns nur Gutes gewollt, als er vor einer neuen Überfremdungsinitiative bedruckte gelbe Servietten unter jedes Gedeck legte. Tina kam in die Gaststube. Verwundert schob sie den Teller weg, um zu lesen: Wenige Wochen nachdem die Initiative angenommen worden wäre, würden Sie vergeblich nach Ihrem Essen Ausschau halten, denn auch das letzte ausländische Küchenpersonal hätte uns verlassen, griffe Ihre Hand nicht nach dem Bier, sondern ins Leere, weil die Brauerei aus Mangel an Arbeitskräften ihre Produktion drosseln mußte, fehlte auch das Messer auf dem Tisch, damit Sie sich nicht wieder ins eigene Fleisch schneiden, noch ist es Zeit: Nein! Tina las. Sie strich wie abwesend über die gelbe Papierserviette, las nochmals, von vorn, die verschiedenen Textblasen. Eine unwillige Röte schoß ihr ins Gesicht. Sie stand so jäh auf, daß sie das Schüsselchen mit Tomatensauce neben ihr umwarf. Eine große braunrote Lache floß über ihr Kleid, tropfte ihr von den Knien. Das Gesicht bestürzt über ihr Mißgeschick und weiß vor sprachloser Erregung, schob sie sich zwischen den Sitzreihen durch, stand einen kurzen Moment unschlüssig auf der offenen Fläche der Gaststube, dann stürzte sie hinaus. Sie hastete durch die Straße, zwischen den Leuten hindurch, mit ihrem rot überflossenen Kleid. Gehetzt, wirr, mit ungestümem Zorn stand sie in meinem Zimmer. Immer geht es euch nur um euch selbst! Ihre Stimme war ein unterdrücktes Schreien. Immer, überall, sind wir nur etwas wert, wenn andere davon profitieren.

Tina hat sich gegen die Wand gekehrt. Sie schluchzt. Ein viel zu lang aufgestautes, trocken gewordenes Schluchzen. Aus ihrem Innersten bricht es hervor, abgerissen, als würden die Bruchstücke eines viel umfassenderen Schmerzes aus ihr herausweinen. Deiner Mutter verzweifeltes Schluchzen, Fabrizio, stürzt aus ihr heraus, vermehrt sich ins Hundertfache, ich sause auf meiner weißen Triumphstraße dahin, während du unter der offenen Küchentür stehst, fassungslos und mit einem Schlag um alles unausweichlich wissend. Das schwarze Haar deiner Mutter hängt über die Tischplatte. Die Uhr tickt in der leeren Küche, Sekunden aus dünnem Baumwollstrang sickern aus dem Zifferblatt, Stunde für Stunde, nichts als Baumwolle, deine Mutter ist im Baumwollschnee umgekommen. Tina hat sich mit ihrem rot überflossenen Kleid gegen das wasserhelle Blau der getünchten Wand gedrückt. Meine Wand, meine Himmelsleere, ist voll von Spritzern. Sie tropfen, blutig rot, über meinen Zukunftsraum.

Es liegt aber nicht daran, sagt Tina immer wieder, daß sie hier Ausländerin ist. Das alles hat viel früher begonnen. In ihrem Land schon, als Kind, dieses Gefühl des eigenen Unwerts. Sich ducken und ausnützen lassen, und nicht einmal mehr sich hoffnungslos nach der Decke strecken. Dieser mit den Jahren immer härter und enger werdende Zustand. Das Unaufholbare, falsch geboren zu sein. Nie Zugang zu erhalten zu einer Welt, die alle ausschließt, die nicht in ihre vererbte Subtilität, in ihre überlieferte Macht über die Dinge hineingeboren werden. Nachts bin ich oft lange noch in Tinas Zimmer. Wir reden, hellwach über unserer Müdigkeit, nur manchmal in eine innere Zerstreutheit übergehend, als redete jedes nur so vor sich hin. Tina erzählt dann von Dingen, über die sie sonst in ihrer starken augenblickshaften Art hinweggehen würde. Ihr Zimmer ist wenig erhellt. Wieder fällt mir auf, daß sie ihre Lampe, eine grünlich milchfarbene Glasschale, weder über der Mitte des Zimmers noch über ihrem Bett hängen hat, sondern nah über der Tür. Das Zimmer rückt so nachts in leichte Undeutlichkeit, während der Lichtschein um so heller auf die gemalte Sopraporte fällt. In diesem schmalen Streifen über der Tür leuchtet in flammenden Farben eine Abendlandschaft auf. Das Profil einer Balustrade über dem Meer, vor dem atmosphärischen Violett des Vesuvs. Tina erwacht jeden Tag das Gesicht dieser Landschaft zugewandt. Und den letzten Blick vor der Nacht läßt sie darin eingehen. Tina hatte sich bei der Verteilung der Wohnräume dieses Zimmer erobert, sie hatte sich aber nur und vor allem diese Sopraporte erobert. Mir ist, sagt sie, ich sei nun endlich in eine Welt eingedrungen, aus der ich mich von Anfang an ausgeschlossen glaubte. Als ich aber in dieses Haus kam, haben wir den Kampf um die Anerkennung unseres Wertes aufgenommen, und diese Sopraporte ist mir nun wie eine Versicherung für mein nicht mehr ausgeschlossenes Leben. Sie gehört zu einer Welt, die mir früher einmal unerreichbar schien. Tina schaut in die abendlich flammende Landschaft hinein. Sie hätte tagsüber kaum diese Sopraporte erwähnt. Jetzt aber, im ungewissen, ob ich ihr zuhöre oder nicht, redet sie vor sich hin, als wäre sie allein im Halbdunkeln. Allein, ausgeschlossen geht sie wieder den Weg zur Volksschule, an den Mauern entlang, die den Himmel verdecken, die den Herrschaftssitz abschützen vor jedem Straßengeschrei. Die Mauern sind bestückt mit spitzen Glasscherben. Sie flimmern warnend in der Hitze. Wer hochklimmt, schneidet sich blutig. Tina ist trotzdem hochgeklettert. Sie hat sich die Hände aufgerissen. Sie schaut, den Schmerz wütend zurückhaltend, direkt in eine geöffnete Halle hinein, auf ein wandhohes Bild, eine morgendlich blaue Balustrade über dem Meer. Eine Frau beugt sich über die Brüstung. Sie ist reisefertig gekleidet, sie scheint nur auf die Meeresüberfahrt zu warten. Ihr Kleid ist weiß, weiß fließt es an der Brüstung entlang, man sieht sie nur von hinten, sie ist weiß wie der

Schiffsbug auf offenem Meer. Alles an diesem Bild ist ferngerückte statische Bläue, das überhöhte Weiß der Frau ebenso Ankunft wie unendliche Möglichkeit. Tina erkennt jäh, wie abgetrennt von solch offenem Dasein sie leben muß. Ihre Hände bluten. Sie gleitet halbbetäubt an der Mauer hinunter, geht auf der Straße weiter, durch den Verkehr, den sprachlos in ihr aufsteigenden Zorn nicht mehr beherrschend. Jetzt aber bin ich ausgebrochen, lacht Tina, der Zorn hat mich gestärkt. Die weiße Frau ist aus dem Bild gewichen. Niemand mehr kann mir den Ausblick verdecken.

Hinter der Balustrade über dem Meer ist es dunkel geworden. Wir sind am Ende der Nacht. Oder schon fast an einem Anfang? Es gibt aber Rückschläge. Tag für Tag. Ermüdungen bei uns selbst, Stummheit von außen, Mißtrauen, niederdrückende Nachrichten. Das anwachsende Leiden um uns sammelt sich und verkrustet unser Herzinneres. Es füllt den Hohlraum, es stockt den Blutstrom. Und wie könnte Tina die Schmerzen ihrer Eltern und Großeltern und deren Eltern aus sich verdrängen. Sie glaubt, die frühe Auswegslosigkeit durchbrochen zu haben. Im Schlaf aber ist ihr manchmal, als gehe sie durch unser Haus, und überall kauern von Leintüchern Vermummte. Auf den Schwellen, an den Tischen, im Hauseingang. Tina zieht die Tücher weg, und immer kommen die Eltern zum Vorschein, mit ihren leidenschaftslos gewordenen, abgestorbenen

Gesichtern. Sie kauern in der Gangecke, unter dem Küchentisch, hinter den Schrankaufsätzen, unter allen weggezogenen Tüchern sieht sie in ihre verfallenen Gesichter, in die stumme Anklage, wohin sind wir mit unserem elenden Leben gekommen. Diese Anklagen fressen, von niemandem gesehen, an Tina. Das frißt an uns allen, dieses Leiden, das zunimmt mit jedem Herzschlag.

Warum ist das Herz des Wals so aufgebläht? Breit, unförmig, eine schwere Masse, ist es in einem separaten Glasschrank zur Schau gestellt. Fast schwarz liegt es zwischen den spiegelnden Wänden. Ich greife leise mit der Hand nach Fabrizios Haar. Er schläft. Ich lege mein Gesicht auf seine Wange, siehst du noch, sage ich unhörbar, wie das Herz blutrot leuchtete, als wir ankamen. Es verwirrt uns, dieses Leuchten, sind doch auch unsere innersten Schreie in ihm. Unsere zu Ende gehenden Zweijahrtausende. Noch sind sie nicht gänzlich dem Tod verschrieben, noch ängstigen sie sich und schreien, aus der Anhäufung der Katastrophen, nach Leben. Nach Innehalten und Durchdringung. Wir können das nicht allein. Wir brauchen uns alle. Ich kann es nicht ohne Fabrizio, warum schläft er so tief, ich liege mit meinem Gesicht auf dem seinen, wie soll ich mich der Müdigkeit erwehren. Wir müssen den Glanz und den Schrecken des Vergangenen unterscheiden. Aber meine Augen brennen vom Wachsein. Das Herz zwischen den Glaswänden hebt sich flammend aus der umgebenden Nacht. Aufgerichtet brennen seine Ränder, sein Inneres glitzert von strömenden gleißenden Schuppen. Sie strömen, unaufhaltsam, aus einer großen sonnenhaften Scheibe. Am Ende der starren Strahlen blitzen unbewegte Medaillons und Silberstatuetten. Zwischen den Glaswänden strahlt, aufgerichtet in der Nacht, das Herz als Monstranz.

Noch aus dem Innersten des Wals strahlt uns diese Doppeldeutigkeit an. Meine Augen schmerzen. Ich habe mein Gesicht auf das von Fabrizio gelegt und schaue in die Nacht hinaus. Der Wal scheint an Schatten zuzunehmen. Fabrizio hat sich im Schlaf geregt. Welchen Täuschungen unterliegen wir? Der Wal flimmert vor meinen Augen, die Schatten wachsen, ganz groß ist das Ungetüm, der Wal, gleich einer Insel, aus Unkenntnis nun machen die Seefahrer ihre Schiffe daran fest, und die Anker und die Pflöcke und gehen heraus wie auf eine Insel und zünden Feuer an, um ihre Speise zu kochen, und wenn es nun dem Untier heiß wird, taucht's hinab und reißt mit sich die Seefahrer und das ganze Schiff, auch du, o Mensch, so du dich anbindest an die eitlen Hoffnungen des Satans, zieht er dich mit sich in die Tiefe hinab. Fabrizio hat mich geweckt. Ich muß, aus plötzlicher heftiger Müdigkeit, die Sacktuchballen heruntergerollt sein, Fabrizio ist davon aufgewacht. Ich habe mich wieder auf den Sitz ziehen lassen, zerzaust, schläfrig und erschrocken in einem, der Strahlenkranz vor meinen Augen ist erloschen. Wo ist der Wal! rufe ich. Erst nach einiger Zeit kann ich zwischen den Glaswänden den schwarzen Herzklumpen wiedererkennen. Ich muß Fabrizio von Tina erzählen. Immer diese Tina! lacht Fabrizio.

Das trifft aber nicht zu. Unser Haus ist voller Menschen, unvermuteter Beziehungen und Veränderungen. Tina aber war der Zugang dazu. Oder hat sie im Innern des Hauses auf mich gewartet? Sie würde zwar auch das nicht zulassen. Tina mit ihrer Mischung aus zertrümmerten Vorstellungen und den vereinzelten Leuchtwerten darüber. Der sprachlose Zorn ihrer Kindheit hat sich zur Stärke angestaut, sie weiß, wofür sie kämpft. Doch sie hat eine Abneigung aufzufallen, sie ist von einer geradezu unauffälligen Höflichkeit. An unserer Wohngemeinschaft liegt ihr viel, in manchen Momenten alles. Sie achtet immer darauf, daß das Notwendige zur Hand ist, Mehl, Salz, die Gasflaschen. Wenn im Haus Zustände sich festfahren, wird sie unruhig. Die Angst der Aussichtslosigkeit befällt sie wieder. Ein glücklicher Zustand ist für sie, wenn sich etwas entwickelt, verändert. Wenn alles lebendig bleibt, sagt Tina. Mit Distanz aber beobachtet sie jede nur großtuerische Agitation. Aufmerksam sieht sie auch sich selbst. Ich bin eine Egoistin! lacht sie manchmal, aber ich habe es so lang nicht sein können. Sie radelt jeden Morgen nach Maloja zur Arbeit und kehrt abends wieder zurück, oft wird es spät, bis sie wieder da ist, und die andern müssen sich Tinas Bub annehmen. Wir sind schon beim Essen, wenn sie endlich zur Tür hereinkommt, das Gesicht gerötet vom Fahrtwind. Sie muß wieder um den See geradelt sein. Sie hat sich in die Lautlosigkeit der Nacht hineingefahren, ihr Kind vergessend, die Müdigkeit des Tages. Sie fährt um den See, in übersetztem Tempo, den Kopf leicht gesenkt, sie will nichts spüren als den Wind, die schwarztannige Kühle vom See her, wegfahren von ihrer eigenen Geschichte und der Geschichte ihrer Eltern und deren Großeltern. Die Schneeränder des Gebirges sind umrißlos versunken. Nur noch im See sind die letzten zögernden Widerspiegelungen von Helligkeit sichtbar, die aber nun, immer rascher, in die Tiefe des Wassers zurückfliehen. Tina fährt bis zu einem Grad leichter berauschter Bewußtlosigkeit. Dann, von einer fast schwankenden Leere ergriffen, kehrt sie zurück, noch im Abend das Mauerlicht der Häuser wahrnehmend, ihren Bub an sich drückend. Sie steht unter der Tür, mit diesen großen leeren ganz gegenwärtigen Augen, das rotblonde Kraushaar noch gekräuselter von der feuchten Fahrtluft. Sie steht unter dem Lampenschein, die bewußtlose Herrlichkeit des Ausreißens über dem Gesicht, so muß sie, bevor sie zu uns kam, in der engen Küche ihrer Wohnung gestanden haben, bis der Mann ihren herausfordernden Anblick nicht mehr ertrug. Er wollte sie einsperren, das Unangepaßte ihres Lebenshungers ersticken, um nicht mehr mit ihr daran leiden zu müssen, wie ihn das vom Fahrtwind gekräuselte Haar reizte! Dieses goldene Schamhaar, das sie so offen in die Freiheit hinaus trug. Der Bub springt auf Tina zu. Was hast du für feuchtes Haar, Mutter! In ausgelassener Übereile trägt sie unsere Teller zusammen, wäscht auf, soll ich euch noch etwas kochen, ruft sie, sie ist verschwenderisch, wohin soll sie mit dieser Weite in ihr.

Viele behaupten, Tina sei unverletzlich. Sie ist es aber nicht. Wir alle sind es nicht. Und warum sollte Tina es sein? Sie weiß noch kaum mit der eroberten Welt umzugehen. Wir leben von keiner vererbten Ausgeglichenheit. Unser Anfang ist gefährdet. Wir sind abhängig von Meinungen und Stimmungen um uns. Wir kennen die Leidenschaftlichkeit des Anfangs, aber auch deren Unzuverläßlichkeit. Tina ist schnell aus der Fassung zu bringen. Sie wischt die Stimmzettel vom Tisch, wollt ihr das Volksbegehren gegen die Überfremdung annehmen, Stellvertretung untersagt. Immer dieser bekenntnishafte Ton, sagt Tina, was wirst du für ein Glaubensbekenntnis ablegen. Die schreienden Münder schwellen an zu einem einzigen aufgezerrten Maul, wollt ihr den totalen Krieg? Ja! Ja! Der Lorbeerschmuck blättert von den weißgewandeten Statuen und fliegt zwischen den Säulen hindurch, widersagt ihr dem bösen Feinde? Wir widersagen. Und all seiner Hoffart? Wir widersagen. Wollt ihr diesen heiligen katholischen Glauben bis an euer Lebensende treu bewahren? Wir wollen es. Die Kirchentüren sind aufgerissen, der Sozialismus aber ist ein roter Psalm geblieben. Bist du Kommunist? Ja. Wollt ihr mit einem Schlag die Gütergemeinschaft einführen? Wir denken nicht daran, die Entwicklung der Massen läßt sich nicht dekretieren. Verwerft ihr also die Revolution? Wir wissen, daß Revolutionen nicht absichtlich und willkürlich gemacht werden, sondern daß sie überall und zu jeder Zeit die notwendige Folge von Umständen sind, in meinem Kopf schwellen die Stimmen an, Entwurf des kommunistischen Glaubensbekenntnisses, in der Handschrift Engels, London den neunten Juni achtzehnhundertsiebenundvierzig, Tina hastet durch die Straßen, zwischen den Leuten hindurch, mit ihrem rot überflossenen Kleid.

Aber noch ist es ruhig im Gebirgsort. Tina kommt nur manchmal erregt aus der Wirtschaft zurück. Sie berichtet, wie die Leute aus dem Ort um die Tische gesessen seien, sparsam ihren Kaffee mit Schnaps trinkend, wortkarg, doch plötzlich habe ein einziger Satz von ihr die Einsilbigkeit gebrochen. Wenn ich ihr wäre, würde ich schön aufs Maul sitzen, habe einer gerufen, ihr braucht uns nichts vorzumachen. Und ein anderer: Wir brauchen keine derartigen Befreiungen! Dann aber legen sich die Erregungen wieder, schlafen unter der Oberfläche der Tage ein, die ruhig einer dem andern folgen, die Saison geht ihren Gang. Die Bedenken gegen uns zerstreuen sich, versickern im kurzen Weltgedränge, das die Hotels überflutet. Eines Tages aber flammen die Wälder. Die Gäste fahren ab. Weiß gefroren stehen die Wolken über den Gebirgsrändern. Tina und ich reden in den Nächten noch immer, unter der milchgrünen Glaslampe, die sich blaß aus dem Dunkeln abhebt. Wir träumen unser Leben. Im Zimmer neben uns ist die Lampe erloschen. Der alte Bernstein schläft, er schläft unscheinbar dem Tod entgegen, während wir immer strahlender werden. Ein Stich trifft uns im Wissen um dieses erloschene Zimmer. Vor einigen Tagen ist Bernstein in einem überfüllten Postkurs von Maloja gekommen, ein nachlässig vor ihm sitzender Junge sei leise aufgefordert worden, den Platz abzutreten, der Junge hätte nur trocken aufgelacht, was, aufstehen wegen diesem Friedhofsgras. Bernsteins Lampe ist dunkel. Tina und ich reden halblaut vor uns hin, uns wie über eine äußere Abwesenheit beugend, aus der wir unsere Welt reißen, unruhig, träumerisch, aus den weißen Zukunftswellen. Unser Inneres ist zum Innern des Hauses geworden und als stünde dieses wiederum im Innern der Welt. Zu einem Zentrum vorgestoßen, wieviel Weite haben wir gewonnen! Der Dunst des Atmosphärischen zerreißt. Die kleinsten Gegenstände wirken magnetisch klar. Alles ist genauer, aber auch vergänglicher. Das Universum ist leicht. Die gebauten und gedachten Landschaften ziehen darin herauf und verändern sich und wir selbst sind ganz leicht, weil wir ganz innewohnender Teil dieser Veränderungen sind. Es wäre das endliche Ende des Terrors. Wie gern wir die Welt als wasserblaue Kristallkugel wüßten.

Ich drücke mich an Fabrizio in der Nacht. Ich muß ihn berühren, mich in seine Wärme vergraben können, als fände ich so eine Versicherung. Ein Zittern um alles ist manchmal in mir. Daß ich dann zu dir flüchten könnte, unter deinen Schutz und Schirm. Die Tage vergehen zwar noch ruhig. Silbrig im Frost stehen kleine Ansammlungen von Wolken über dem See. Die letzten Gäste halten sich lang im Museum auf. Ich habe die Zitate gewechselt, am Eingang ist zu lesen: das volk, den begriff könnt ihr nie hoch genug denken, aber ihr denkt im tiefsten grunde von ihm gering, weil ihr vor seiner zukunft keine wahre und sicher gegründete achtung haben dürft. Die Gäste reisen ab ohne Aufwand. Die Straßen leeren sich. Die Balkontüren der Hotels werden geschlossen, die Säle verrammelt. Die Stille nimmt zu. Warum schlafe ich so unruhig, als wäre eine große Veränderung im Kommen. Warum soll ich es Fabrizio noch länger verschweigen? Wie ich mitten in der Nacht in Entsetzen aufwachte. Haushohe dunkelbraune Kästen schwankten langsam gegen mich und stürzten über mir zusammen. Und ich, noch ganz in der Gewalt des Traumendes, konnte nicht fassen, daß ich mit allen Decken aus dem Bett gestürzt war, und vorn beim Fenster am Boden lag, die

Stirne aufgeschlagen, mich nicht rührend in der blitzschnellen gräuenhaften Überzeugung, es stünde jemand im Dunkeln und hätte mich aus dem Schlaf gestürzt.

Wenige Tage später hing an unserer Haustür das erste Flugblatt: Reichts? Soll unser Ort unterwandert werden? Wir wollen eigene Wege finden und gehen. Wir brauchen keine Ideenimporte aus dem Ausland! (Wir konnten es erst nicht fassen.) Man forderte unseren Wegzug. Wir sollten dieses Haus verlassen, in dem wir angefangen hatten zu leben. War denn alles, was uns mit dem Ort verband, nur eine Scheingemeinschaft gewesen? Bernstein schwieg. Er sah uns an, als würde er endgültig von uns abgetrennt. Als welkte das Leben in seinen Augen. Er würde nicht nochmals mit uns aufbrechen können. Er wußte, was wir empfanden, in unserer Bestürzung, in unserem Entschluß zu kämpfen, in unserer Geduld und unserer Unnachgiebigkeit. Er sah aber auch das schon Abschiednehmende auf unseren Gesichtern. Daß wir fortziehen würden und immer noch einen leichteren blaueren Himmel suchten. Wir sind so schnell! Verzeiht. Er aber blieb zurück.

Fabrizio ist aus dem Schlaf aufgefahren. Er sieht mich vor dem Glasschrank stehen, vor dem schwarzen Herzen zwischen den spiegelnden Wänden, mit dem Rücken zu ihm gekehrt, als würde sich in mir eine niegehörte Anklage sam-

meln. Er dreht mein Gesicht zu sich. Dein Puls
fliegt! sagt er erschrocken. Und im gleichen
Augenblick weiß ich, daß auch ihn nichts mehr
hält.

Der Wal vor uns hat sich zu Hunderten vermehrt. Ein Geschwader von Walen, mit nach
vorn gerichteten weißverwehenden Atemwolken, drängt sich gegen uns vor, umkreist uns,
wir sind mitten in der strudelnden Gischt, immer
enger eingeschlossen. Schwanken wir in den über-
hell auf uns zustürzenden Wahrnehmungen? Wir
haben aber, in die äußerste Enge getrieben, die
Wale gerufen, die toten und die ungeborenen.
In unabsehbaren Herden ziehen sie am Horizont herauf. Sie schnellen schimmernd aufrecht
in die Luft im Paarungsspiel oder fahren tobend
auseinander. Sie verhängen uns die Sicht mit
aufsprühenden glitzernden Tropfen und ver-
dunkeln sie uns, wenn sie zu einem Wogenberg
zusammenstürzen. Fabrizio jagt in Sprüngen
über den Platz vor dem aufgebahrten Wal. Er
schlenkert die Arme, er fällt in sich zusammen,
er stürzt vor mich hin, ich wollte dich gewinnen,
ruft er, aber man hat mich getötet. Er verdreht
die Augen, bis sich nur noch das Weiße hervor-
kehrt, er ist ausgelassen. Aber ich habe geschrien
in der Nacht. Das hervorquellende Weiß seiner
Augen hat genügt, und ich sehe ihn von einer
Folterschaukel herunterbaumeln und die Stunden vergehen nicht vor aufgetürmter Qual. Die
Nacht ist voll ungehörter Schreie. Jeder Herz-

schlag ist von Grausamkeiten zerfressen. Die geringste Andeutung jagt unsere Vorstellungen mit rasender Geschwindigkeit durch einen Tunnel von Schrecken. Ich drücke Fabrizio an mich, er kann mich nicht beruhigen, er vergräbt erschrocken seinen Kopf zwischen meinen Knien. Aber was versichert mich, daß ihm nichts geschehen ist?

Wir haben die Wale gerufen, die toten und die ungeborenen, als könnten wir in ihrem Strahlen die Ungeheuerlichkeiten unseres Daseins brechen. Wir reden am Ende, unsichtbar, doch inständig, von Versöhnung. In den Wasserräumen vor uns treiben die Wale, zu Hunderten, beiderlei Geschlechts und jeden Alters, neugierig und furchtlos ihren Spielen nachgehend. Wir aber sind unter die Helligkeit des Tages gesunken, schwer von unseren Zweijahrtausenden. Was kann uns retten? Wir treiben den Glaswänden unseres Bewußtseins entlang, immer noch lichthungrig, und die gebrochenen Strahlungen, die uns von weit her verwandelt vermischt gekrümmt erreichen, sind das Einzige, das uns erhält. Wir stoßen mit uns in den Schein des Lichts, was wir in die Versöhnung bringen möchten. In den Wasserräumen vor uns treiben die Wale, schließen sich durch strudelnde Wirbel zusammen und ziehen kreisförmig, wie schützend, an der Oberfläche des Wassers dahin, während die jungen Wale in der Tiefe Hochzeit halten. Sie kommen aus großen Entfernungen herbeigeschwommen, wenn eines der Tiere verwundet wird. Sie stoßen zu zweit einen bewußtlos treibenden Artgenossen an die Wasseroberfläche, damit er Luft hole, tote Junge oder selbst auch nur Teile von angefallenen Jungtieren werden von den Müttern noch tagelang periodisch über Wasser gehalten.

Du weißt nicht, in welchem Zustand ich Frau Golzow und gelassen habe, sagt Fabrizio. Sie darf nicht sterben, wenn sie allein ist, als würde sonst ihre Zeit ungetröstet mit ihr sterben. Sie hat auf die Ankündigung des Abbruchs einer ganzen Häuserzeile an der Görlitzerstraße erst mit einer schreckenerregenden Verstörung ihres sonst so präzisen Tagesablaufs reagiert. Dann folgte ein verängstigtes Schweigen. In den Tagen vor Fabrizios Abreise hat sie immer länger im Bett gelegen, mit dünner Stimme zusammenhanglose Briefe diktierend. Sie empfand den gewaltsamen Abbruch als einen vorzeitig auf sie zukommenden Tod. Fabrizio hatte aufgehört, Fragen zu stellen. Er schrieb die Briefseiten voll, suchte Adressen heraus, schrieb von neuem: Liebe Kusine, schön muß es jetzt auf der Insel Sylt sein, wir sind keine Hauptstadt mehr, nicht einmal mehr eine unsichtbare, ich erinnere mich, wie der Regen in der Nacht kurzfristig eintrat, die Insel war von Farben erfüllt, man hat uns gekündigt, man schiebt uns weiter in die Spandauer Satellitenquartiere, es blühte noch die Nachhut der Apfelbäume und Tulpen auf Sylt, Flieder, Ginster, Raps, Heckenrosen, die dort von sehr großer

Blüte ist, was ist das für eine Insel hier, man wird die Görlitzerstraße abbrechen, diese Löcher, in die wir gestürzt werden, viele Grüße.

Frau Golzowund verfiel zusehends. Fabrizio hielt sie zwar auf dem laufenden über die Unternehmungen der übrigen Mieter. Sie setzte sich dann im Bett auf, die leeren Augen, besonders das eine, von einer weißschleierigen Haut getrübte, auf einen unsichtbaren Punkt gerichtet. So blieb sie sitzen, auch wenn sich Fabrizios Berichte längst schon erschöpft hatten, als wären sie an ihr vorbeigegangen ohne sie mitzunehmen. Eine letzte Unnachgiebigkeit in ihr verfolgte zwar noch stürzende Wortsäulen, verschwundene Satzenden, Überreste von empörten Ausrufen, die ihr die Luft wie geladen erscheinen ließen, zu kurz aber, etwas in ihr versagte. Sie vermochte das Gehörte nicht mehr einzuholen. Die Müdigkeit in ihr nahm zu, legte sich über die kraftlosen Sinne. Wenn Fabrizio über die Treppe hinuntergegangen war, fuhr sie sich mit der Hand übers Haar, unsicher, wiederholte Male, mit einem fragenden Zögern. Die Berichte waren ihr schon entfallen.

Indessen überstürzten sich die Meldungen. Mieter kamen und gingen und unterrichteten Frau Golzowund über die Besetzung des ersten Hauses in der Abbruchzeile. Frau Golzowund wollte sich ankleiden, um sich ebenfalls dorthin zu begeben, brach aber vor ihrem Bett zusammen. Um fünf Uhr fünfzehn in der Frühe des folgenden Tages wurden die Hausbesetzer über einen Strafantrag wegen Hausfriedenbruchs in Kenntnis gesetzt und angehalten, sich der Polizei zur Verfügung zu stellen. Der Appell war erfolglos. Die Besetzer hatten sich bereits in Bademänteln und Frottiertüchern auf dem Dach versammelt, die Treppe abgesägt und mit flüssiger Schmierseife die Dachziegel glitschig gemacht. Den anrückenden Polizeibeamten leisteten sie so lange es ging Widerstand. Es folgte ein verzweifeltes Sichherumzerren, Abrutschen und Aneinanderfesthalten. Die daraufhin eingeleitete Verhaftungsaktion endete nach Einsatz von Wasserwerfern und Tränengas um sechs Uhr fünfundvierzig. Die Besetzer hatten aber immerhin eine erhebliche Verlängerung der Räumungsfrist für alle Abbruchmieter der Görlitzerstraße erreicht. Man sprach sogar von Monaten. Frau Golzowund saß halb aufrecht im Bett, dünne Schweißtröpfchen im Gesicht, das Lid des einen Auges hochgezogen. Wieder sah Fabrizio in diese starre Scheibe, in das schwarze Pupillenloch, das ihn einsog. Am Mittag trat jemand von der Hausverwaltung ein und nahm ohne jede Verhandlung das Ölgemälde der Katharina von Golzowund 1789 von der Wand. Das wird so recht und schlecht die Kosten des Umzuges decken, Sie machen uns ja besondere Mühe, sagte der Beamte und ging betont höflich zur Tür, unterm Arm das Gemälde, in die Schräge gerutscht das traurig lächelnde Gesicht, das apfelfarbene Wangenrot.

Wie hätte ich weggehen können, sagt Fabrizio. Ich drückte mich tagelang um die Erwähnung des Wals herum. Nach ein paar Tagen stand jene Frau, die mich damals abgeholt hatte, die Kusine Bernsteins, in der Wohnung. Sie lächelte mir prüfend zu. Wollen Sie nicht zur Besichtigung des großen Wals reisen? Sie versprach, bei Frau Golzowund zu bleiben, die in jenen Tagen auch wieder begonnen hatte, Dillgurken und Pumpernickel zu sich zu nehmen. Sie verließ sogar für Minuten das Bett. Am halbdunklen Morgen meiner Abreise, als ich die Tür zum Boden öffnete, wo sie schlief, stand sie schon im Nachthemd am Absatz der Treppe. Dumpfe Wärme wehte aus ihrer Kammer. Sie sagte wenig. Ihre Stimme war leise wie von niedergehaltenen Tränen, sie sprach aber vielleicht gerade deshalb sehr deutlich. Sie faßte plötzlich mit beiden Händen nach mir. Dann ging ich die Treppe hinunter und schaute nochmals zurück. Sie stand immer noch am Absatz der Treppe. Jetzt erst sah ich, im dünn hereinfallenden Morgenlicht, den Lockenwickler in ihrem Haar aufscheinen. Nie vorher hatte ich sie mit einem solchen, bei der geringsten Bewegung des Kopfes kurz aufblitzenden Wickler gesehen. So ungewöhnlich mußte sie sich auf meine Abreise vorbereitet haben und hatte nun vergessen, den Wickler herauszunehmen.

So reiste Fabrizio ab, nahezu alles in der Stadt zurücklassend, in der Wohnung von Frau Golzowund, er konnte nicht den Gedanken fassen, nie mehr zurückzukehren. Er hatte zuviel Hoffnung mit dieser Stadt verbunden. Gerade aus ihrer Abgeschlossenheit und offensichtlichen Einengung heraus schien ihm etwas Bewußteres, Freieres in jeden Tag hinein zu entspringen. Langsam war er in den lichtlosen Koloß der Großstadt eingedrungen. Er war durch die Fassade hindurchgetreten und hatte eine winzige bröckelnde Öffnung hinterlassen. Er sah die Einschüsse, die Kugeln in den Mauern, die niedergeprasselten Geschosse unter den Durchgängen. Er hielt dennoch, oder gerade dieser vielen Belastungen wegen, etwas die Geschichte Sprengendes für möglich, etwas Unverhofftes und Befreiendes.

Fabrizio saß im Zug, der kaum besetzt war. Die wenigen Mitfahrenden hatten sich in Abteilecken zurückgezogen und schweigend für eine lange Reise eingerichtet. Wie der Wind an den Scheibenflächen entlang streifte! Sandboden flog vorüber, hochstämmige Kiefern. Einmal die Lautsprecherstimme: Wir begrüßen Sie in unserer Deutschen Demokratischen Republik. Dann wieder weiß bereifter Boden, hohe Grasrippen. Fabrizio aß die Brote mit Harzerkäse. Einmal füllten endlose Fabrikfassaden die ganze Fensterscheibe. Später ging Fabrizio, über seinen schlingernden Gang lachend, in den Speisewagen, der um diese späte Nachmittagszeit leer war, und trank einen Tee. Er brach die Zuckerstückchen aus dem weißen Papier, glättete es, faltete es zusammen und wieder auseinander, las von der

Rückseite her: Zuckerkombinat Vorwärts Halle an der Saale. Gefrorene Seen verschwanden aus seinem Fensterblick, schleierblaue Eisflächen, Fabrizio fuhr, heimatlos, doch getröstet in der kleinen zergehenden Dampfwolke Tee. Das Leben der Stadt lag wie im Schlaf eingerollt in ihm. Er würde aber eine wache Welt entstehen lassen, überall wo er hinkäme, eine von durchsichtigen Pfeilern durchkämmte Weite. Die Eisflächen flogen. Schwarze Eisläufer bewegten sich in das untergehende Licht hinein, schnell und verloren. Der Zug fuhr, die Eisläufer wendeten und fuhren voraus, kleine schwarze anwachsende Gestalten. Sie trugen andere Eisläufer auf den Schultern, ohne an Schnelligkeit der Bewegung zu verlieren. Waren es Gefallene, Verwundete, Gealterte oder Hinübergerettete? In der dichtesten Ansammlung von Eisläufern sah Fabrizio plötzlich die auf den Schultern getragene Frau Golzowund. Die Eisläufer fuhren in zunehmender Schnelligkeit, und eins mit ihrer Bewegung wurde sie von den Schultern der Läufer emporgehoben. Sie fuhr dahin, in der untergehenden Lichtbahn, aufgerichtet wie eine von der letzten Helligkeit umgebene Aufseherin, wie am Kreuz erhöht. Der Zug fuhr jetzt schneller. Der Tee dampfte. Fabrizio sieht in schwarze Wälder hinein.

Jetzt bist du da, sage ich. Und ich lege mich an sein Gesicht und muß alles an ihm einatmen. Und die Zärtlichkeit steht auf in uns, als hätten wir nie voneinander weg gelebt.

Schwarz bewaldet hebt sich der Berghang hinter den Rangiergeleisen. Ist die Nacht vorgerückt? Die Landschaft ist leer im Dunkeln ausgebreitet. Einzelne Bergbegrenzungen stehen vom Himmel ab. Der Geruch der Verwesung wellt auf lauen Windstößen durch die Nacht. Weiter weg liegt erhöht der verlassene Hauptplatz, das abfallende Kirchendach, die Häuser, reglos einander zugewandt, fensterlos, ohne Konturen. Wir sehen, von der Peripherie her, hinein in das Dorf unseres Aufwachsens, als sähen wir in unser Inneres. Das Dorf erscheint uns leer geworden während unserer langen Abwesenheit, unbegangen, entvölkert. Und doch mußten wir zurückkehren. Wir haben uns auf diese notwendige Reise begeben, um das Zwielicht über unserer Kindheit ins Helle zu wenden. Den trüben Schatten des Wals in uns stören wir auf, und die wachsame Berührung mit ihm sprengt glitzernde Atemwolken nach vorn. Wir sind in diese innere Landschaft zurückgekehrt, um alles wieder zu erwecken. Die Glaswände schwanken.

Bald bläht sich der Wal auf, bald schrumpft er zusammen. Haben wir ihn erfunden? Seine Haut schwillt an, ist er lang noch im Uferwasser gelegen, wann ist er gestrandet. Ich habe die Schwere der Wellen gehört, nachts bin ich aufgewacht im Gebirgsort, ich habe sein Atmen gehört hinter den Bergen. Auf den scharfkantigen Kämmen ist ein Wirbeln schneeiger Luft sichtbar geworden. Vor dem Museum haben sich die letzten

Gäste versammelt. In den weißgekalkten Gang fällt die Stille aus den umliegenden Zimmern. Die Leinenvorhänge mit den schmalen blauen Streifen sind schon halb vorgezogen, im tiefstehenden Licht bewegt sich eine Staubbahn über den Handschriften. Ein unhörbares Rieseln feinsten Staubes. Es ist der letzte Öffnungstag. Ich komme die Treppe hinunter, um die Tür aufzuschließen, ich bin aufgewacht in der Nacht, ich habe die kleinen frostigen Ansammlungen von Wolken gesehen, jetzt komme ich hinunter. Ich will durch den weißgekalkten Gang zur Tür gehen und verlangsame den Schritt, starre auf den Steinboden. Etwas Geducktes, Unförmiges steht mir im Weg. Es rührt sich nicht, nur die Haut bläht sich auf und fällt zusammen und bläht sich von neuem. Das Tier atmet stoßweise. Eine schwärzliche Kröte hockt auf den Steinplatten im Gang. Ich starre auf das Tier, reglos, mein Puls fliegt. Die Steinplatten rollen sich zu einer endlos langen Fläche vor mir auf, die Arme ausgebreitet, meine weiße Triumphstraße! Ich sause dahin auf den blendenden Betontafeln. Der Vorort an der Muota, die Fabrikdächer hinter mir versinken im Schatten. Nur das Dorf, wie in eine Lichtferne unter die herrisch ruhenden Berge entrückt, liegt noch in der Helle. Wie muß ich mich verspätet haben. Am Rand des auslaufenden Bachdeltas nestle ich meine Rollschuhe auf. Um die zerlöcherten Kiesinseln gluckert das Wasser. Die Käferhitze ist verstummt. Die Schafgarbenbüsche neigen sich matt in die Tümpel, schwer vom beißend süßen Geruch. Ich bin mit aufgerissenen Augen über den Kies gelaufen und habe die Schafgarbenbüschel an mich gedrückt. Vor mir, zwischen den Tümpeln, liegen zwei Tiere aneinandergeklammert. Nichts regt sich an ihnen, nur die hin und wieder sich aufblähende Haut. Es sind zwei starr aufeinanderliegende Kröten. Lautlos fällt der Abend zwischen die Schafgarbenbüsche. Die Kröten bewegen sich nicht, verharren in einer endlosen Hochzeit, eines der Tiere schaut mich unentwegt an und wie an mir vorbei, mit zauberisch ruhigen Augen. Das Dorf in der Lichtferne ist längst erloschen. Ich drücke die krautigen verwilderten Schafgarbenbüschel an mich und schaue auf die zwei Tiere. Langsam, rückwärts entferne ich mich. Das Wasser gluckert um die Kiesinseln. Ich habe Fabrizio mit Schafgarbenbüscheln beworfen und nun bin ich selbst davon behangen, die Blätter krausen sich an mir, die süßriechenden, zerdrückten Blüten haben sich in meiner Jacke eingenistet. Die Kröten atmen und schwellen nachts hinter den Bergen, aber ich habe alle Furcht verloren. Ich habe in ihre zauberisch ruhigen Augen gesehen. Ich habe mich gebückt und die Kröte von den Steinplatten im weißgekalkten Gang aufgenommen und behutsam die Tür geöffnet. Die Leute sind mit Abscheu und Gelächter zurückgewichen. Ich aber bin, von Schafgarben behangen, zum See gelaufen. Die Kröte setzt in befreiten schnellen Sprüngen über die von Schilfgräsern durchzogene Wiese. Die Ansammlungen von Wolken gleißen im tiefstehenden Licht. Ich habe mich durchs Gras geworfen und bin wieder aufgestanden und in die Lichträume hineingegangen. Vom Wal her breitet sich die Dämmerigkeit aus. Sie fällt in schrägen Schatten über die geleerten Zimmer im Museum, über den letzten Satz: ein leben, welches von großer ferne her die farben einer untergehenden, fast unverständlich gewordenen moralischen welt zu sich flüchten sähe, und das gastfreundlich und tief genug zum empfang solcher späten flüchtlinge wäre.

Ich habe die Wale gerufen, die toten und die ungeborenen, ich habe sie wimmeln gesehen auf dem Grund der Himmelsleere, in hellem Aufruhr. Ich will das Ausmaß ihrer Untiefen erforschen und die silbernen Hauthüllen heben. Ich hänge zu sehr an allem, was sein kann. Ich habe mich gerüstet wie für eine unendliche Kundgebung.

Fabrizio ist, als trüge er das Gewicht von Frau Golzowund auf seinen Schultern. Als sähe ihn, von der Hinterwand seines Gedächtnisses her, ihr traurig lächelndes Gesicht an, halbverdeckt von einem durchsichtig schwarzen Schleier. Bernstein hat mich in sein Zimmer gerufen. Aber ich habe nicht nach dem Widerschein des Schnees in der Fensterscheibe gesehen, ich habe versucht, ihn zu überreden, mit uns zu kommen. Er sieht über die Papiere hinweg auf seinem Tisch. Meine Worte stürzen ab an ihm. Er hat sich mit Zähigkeit in die Arbeit vergraben, alles Material gegen uns zu sammeln, die verschiedenen Äußerungen zu verifizieren und die Herkunft der Informationen nachzuprüfen. Sehen Sie, wie man hier die Offenheit handhabt, sagt Bernstein und schiebt mir einen Brief zu. Woher ich die Informationen über Sie habe, lese ich, darüber gebe ich keine Auskunft. Eher können Sie einen Geißbock melken, als daß Sie von mir etwas über meine Quellen erfahren. Ich muß laut auflachen, Bernstein aber sagt bitter: Und eine solche Antwort von entscheidender Stelle.

Bin ich unfähig zu einem andauernden durchdringenden Zorn? Ich habe in einem schlagartigen Moment unsere Situation erkannt, sie hat mich wie ein Blitz getroffen und eine Spaltung hinterlassen, eine schmerzlich überwache. Und doch bin ich wieder zum See gelaufen und noch vor der Tageshelligkeit auf die Marmorè hinauf. Habe ich mich gehen lassen? Und die Herrschaft über meine Absichten im Hinaufsehen zu den krausen Wolkenansammlungen verloren, und mich in ihnen zerteilt, zerflockt und verhundertfacht. Ich habe mich von neuem, in der schwarztannigen Kühle, vom Heraufzittern des Lichts verzaubern lassen. Ich habe wieder mit Tina gelacht, und wir haben das Flüstern unter der milchgrünen Glaslampe nicht lassen können. Bernstein altert. Einzelne Teile seines Gesichts beginnen sich wie aus seinem Willen herauszulösen, zu ergrauen, zu zerfallen. Seit Jahren ist er nicht mehr aus dem

Haus gekommen. Ich habe ihn beschworen, einen einzigen Tag wegzugehen von allem, einmal hatte er gesagt, er möchte noch vor dem Wintereinbruch den Lej da la Tscheppa sehen. Wir haben uns gerüstet für das beschwerliche Gehen über die steilen Geröllwege hinauf. Der Lej da la Tscheppa liegt in fast dreitausend Metern Höhe. Ich gehe voraus, manchmal zu schnell, dann bleibe ich lange stehen. Bernstein hebt kaum den Kopf. Wie unter einem unsichtbaren Zwang hat er die Augen auf den Geröllweg gerichtet. Zu reden haben wir längst aufgehört. Die Luft ist klar, aber einzelne Wolken treiben in großer Höhe schnell dahin. Ihre Schatten fliehen wie verfinsterte Flußläufe übers Gebirge. Es ist jetzt so still zwischen den vor uns aufgeschichteten und nah vom Weg abstürzenden Felswänden, daß wir fast erschrocken über jedem unter uns wegrieselnden Geröll aufhorchen. Die stumpfen Lärchenstämmchen haben wir zurückgelassen, nur zunehmend schroffere Steinplatten, Steingeschiebe, Karrenfelder dehnen sich vor uns aus. Das Vorwärtskommen fordert unsere ganze Aufmerksamkeit. Das Rauschen des Blutes scheint aus meiner Gehirnhaut hinauszudringen in die von tiefer gelegenen Stürmen hochgehobene Bläue und aus ihr wieder zurückzufließen. Mein Bewußtsein ist ausgeronnen, nur diese Bläue atmet in mir, diese unhörbar tosende Luft. Wir laufen jetzt über eine Alpmulde, über vom zurückgewichenen Schnee bräunlich mattes Gras. Ich habe nicht mehr ausweichen können, ich war meiner schon nicht mehr ganz mächtig. Ich gehe geradewegs auf das halb unter einem Stein hervorspringende Tierskelett zu. Die Knochen heben sich fahl vom Gras ab, deutlich der große, vom Schneewasser gebleichte Schädel, die abstehenden Rückenwirbel, von eingetrockneten Hautresten verklebt. Das Tier muß in dieser schutzlosen Alpmulde angefallen worden sein. In der Bläue ist es verendet, unter der Hitze des schwindenden Sommers. Es ist liegen geblieben, wo es angefallen wurde, auf unserem Weg, noch vor dem Zuwachsen der Schneedecke. Ich bin zusammengezuckt und jäh seitwärts ausgewichen, grundlos Bernstein auf die wenig abfallende Grasböschung hinweisend, er darf das verendete Tier nicht sehen, denke ich, und eine heiße Welle der Angst steigt mir ins Gesicht, eine vielleicht noch abzuwendende Vorahnung. Ich laufe schneller, wie um ihn mit Gewalt aus der Mulde fortzuziehen. Erst als wir sie hinter uns gelassen haben, kehre ich mich um, Bernstein folgt mir, die Augen unverwandt auf den Geröllweg gerichtet. Ich weiß nicht, was er gesehen hat. Wir gehen über niedrige Geröllkuppen von Mulde zu Mulde. Wir sind in die Höhe der treibenden Wolken gelangt. Sie verfinstern die Schneeflächen. Wir müßten jetzt den Lej da la Tscheppa vor uns in der Niederung sehen. Doch nur schnelle, auseinanderwehende Wolken fahren auf uns zu. Wir halten an. Ich habe mein Gesicht dem Wind entgegen gerichtet. Die Wolken zerreißen langsam über uns, die Bläue schießt wie auf Strahlen durch mich hindurch. Auch in der Niederung sind jetzt die Wolken gewichen. Der Lej da la Tscheppa schillert grünlich silbern aus der Tiefe herauf, ein Sprühen von Licht über die Geröllfelder ausschickend, bis zum Weiß der Gebirgsränder hinauf. Mein Bewußtsein strömt auf leuchtenden Luftwellen in mich zurück. Ich atme, ich lache vor Leichtigkeit, ich drehe mich zu Bernstein um. Er schläft, das Gesicht in die Geröllhalde vergraben, wie ein Toter. Er rührt sich nicht. Er liegt fast auf dem Schnee. Ich stehe lange in der Bläue. Er hat den Kopf nicht gehoben. Wolken hüllen uns ein. Ich weiß nicht, hat er den Lej da la Tscheppa gesehen.

Wo sind wir hingekommen, über den Bergen, über den Bergen, mir ist so schneeleicht. Bernstein aber liegt in die Geröllhalde vergraben, erschöpft, er liegt wie ein Toter, wie kann ich ihn wiedererwecken? Er liegt wie in einem Glassarg, abgetrennt von den sprühenden Lichtwellen und dem Weiß der Gebirgsränder unter uns. Ich habe mich zu ihm gelegt, ich habe sein Gesicht aufgerichtet zu mir, in der Kälte der Abendschatten sind wir umgekehrt. Am andern Morgen vernahmen wir nicht wie gewohnt das leise Klappern der Schreibmaschine aus Bernsteins Zimmer. Zur Mittagszeit öffnete sich seine Tür nicht. Am späten Nachmittag ging Tina hinein und fand das Zimmer leer. Er kam nicht zum Nachtessen, seine Lampe blieb erloschen. Die Tage vergingen. Nichts.

Tina geht mit verschreckten Augen durchs Haus. Eine Verunsicherung und traurige Rastlosigkeit hat uns erfaßt. Wir haben uns zerstreut in alle Himmelsrichtungen, um Bernstein zu suchen, in der Morgenfrühe, in der Mittagshitze, auf der hellumwölkten Marmorè, über die Alp Prasüra bis zu den Schneerändern der Fuorcla Surlej. Tina ist nach Maloja gefahren, sie hat die Leute von Blaunca zu Hilfe gerufen. Ich bin von Alpmulde zu Alpmulde gelaufen, ich habe seinen Namen geschrien, bis er sich mir zerstückelte in der unhörbar tosenden Luft. Ich gehe immerzu, mit flatterndem stechendem Atem, den unstillbaren Lichthunger in den Augen, über Karrenfelder, über Steingeschiebe. Ich suche Bernstein und die Welt von Frau Golzowund, ich suche das schwarz herabhängende Haar von Fabrizios Mutter und die unter Leintüchern vermummten Eltern Tinas, die in unseren Schlaf hineinragen, ich suche die blendend vor mir sich aufrollende Triumphstraße und die Schneeflocken, die zwischen den Platanenstämmen hindurchwehen und durch die türenlose Kapelle, ich suche die zweiundzwanzigtausend Paar Kinderschuhe, die in Waggons in den Nächten über die Gebirgsränder fahren, aus denen die kleinen starren Leichen herauswehen, ich suche die Blutsträhnen, die über die glitzernden Schneewände sickern, die Himmelsleere suche ich, die weißen Zukunftswellen vor uns, und immer dich, Fabrizio. Wie aber könnten wir am Ende noch reden, unsichtbar doch inständig, von Versöhnung?

Wir haben Schritte gehört in der Nacht. Über
den Bergbegrenzungen wächst ein kaum wahr-
nehmbarer grauer Streifen Helligkeit. Fabrizio
hat die verschiedenen, die raschen und leisen
Schritte gehört. Je durchsichtiger die Glaswände
in der zu Ende gehenden Nacht werden, desto un-
förmiger hebt sich der aufgebahrte Wal aus dem
Dämmern heraus. Jetzt bin auch ich über einem
fernen Klirren wie von langen Eisenstangen zu-
sammengefahren. Das Klirren vermischt sich mit
dem Geräusch der Schritte zu einem Tasten,
Tappen und Scheppern, unterbrochen von Stille.
Wir sind aufgestanden und suchen Bewegungen
zu unterscheiden. Aber die Luft ist noch zu dunkel. Was wir vielleicht trotz allem nicht wahr-
haben wollten, stürzt uns jetzt wieder, wie durch
eine plötzliche Lücke, ins Gedächtnis: Sie werden
den Wal zerstören. Wußten wir es denn nicht
von Anfang an? Der Wal hat seine gewaltsamen
Reisen durch alle Länder beendet. Dies hier ist seine letzte Station. Dieses Wissen ergreift uns jetzt
immer mehr, mit zitternder Neugier, mit einer
unruhigen Gespanntheit. Seit der Wal unser Aufwachsen ins Zwielicht zog, haben wir die Notwendigkeit seiner Zerstörung geahnt und selbst
vorangetrieben. Und doch sehen wir mit Angst
der weichenden Dämmerung entgegen. Werden

die blaßfarbenen Fleischwände nicht zu jäh aus-
einanderfallen? Und die Überreste der Wundernetze zerstampft werden und selbst die Glaswände zerscherbt vor uns liegen.

Fabrizio läuft gegen den Berghang zu. Die Schritte scheinen sich ihm von dort her zu nähern, ich
taste mich über die Rangiergeleise. Das langsam
zunehmende Scheppern der Eisenstangen summt
in den Geleisen wider. Ich gehe zu den aufge-
stapelten Sacktuchballen zurück, ich drücke sie
an mich und schaue in den wachsenden Streifen Helligkeit. Was hast du! sagt Fabrizio. Du
schaust so starr. In meinen Augen aber wellt
grünlich das Meer, in einer den ganzen Weltraum
durchfliehenden Weite. Die grünen Wasserflä-
chen wellen still gegen den Strand, wo in höchster Regelmäßigkeit und in langen aufeinander-
folgenden Reihen, den Kopf erhoben dem Meer
zugewandt, verhüllte Menschen liegen, in luftig-
sten zartesten Tüchern. Es sind Leichen, in über-
irdisches Grün und Gelb und Hellrot gehüllt.
Die Tücher wehen still vor der Wasserfläche.
Unter den Leichen sind die von Mädchen aus
meinen frühesten Schulklassen, Leute aus dem
Dorf, längst entschwundene Gesichter, die noch
kurz durch meine Kindheit gingen. Ich muß mich
mit andern Lebenden, die ich aber nicht sehen
kann, an den Leichen vorbei auf den Knien durch
den Sand ziehen. Ich ertrage den Anblick der
schon verwesten Gesichter nicht, ich will nicht
hinsehen, diese in die Augenhöhlen eingezogene

Haut, blind taste ich mich auf den Knien durch den Sand. Ich höre das Wehen der Tücher über mir, die wie von weit her aufschlagenden Wellen. Einmal jedoch muß ich gewaltsam die Augen öffnen. Da ist atemnah vor mir ein starr erhobenes Gesicht, verzerrt zu einem zweideutigen Lachen, das mir als alles überstandene Schönheit und höchstes Grauen erscheint.

Die Schritte nähern sich. Wir unterscheiden jetzt hin- und hereilende Gestalten, Eisenstangen werden von Hand zu Hand weitergeschoben und schlagen manchmal mit einem durchdringend hellen Klirren am Boden auf. Bahnarbeiter aus der ganzen Umgebung haben sich eingefunden, um mit den Walfängern das Ungetüm schnell, vor dem Anbruch des Morgens, zu zerstören. Zu beseitigen. Ein Feuerschein flackert auf, fährt widerspiegelnd in den Glaswänden hoch, und verlöscht wieder. Der Gedanke einer flammenartigen Katastrophe durchzuckt uns. Aber kurze abwehrende Stimmen sind laut geworden. Die ganze zu Ende gehende Nacht ist voller Stimmen. Vom bewaldeten Berghang kommen die Stimmen, in den Glaswänden hallen sie wider, aus der Tiefe des Wals hat Jonas geschrien, du warfst mich mitten ins Meer, daß die Fluten mich umgaben, alle deine Wogen und Wellen gingen über mich, daß ich dachte, ich wäre von deinen Augen verstoßen.

Aber die Beherrschung hat sich durchgesetzt.

Schon beginnen die Arbeiter, aufmerksam und lautlos, mit messerscharfen Eisenstangen die Hauthüllen zu heben, den Kopf des Wals zu zerteilen. Die aufgespießte Schwanzflosse leuchtet in der Dämmerung. Wir sind nicht untergegangen mit dem Wal. Er hat uns nicht endgültig verschlungen, und wir haben ihn nicht verflucht. Wir haben noch einmal den Feuerregen über den Städten abwenden können und die brandig schwarz ausfasernde Kriegswolke vom Horizont vertrieben. Noch einmal stehen wir im Sonnenaufgang und hören die Stimme: Und mich sollte nicht jammern Ninive, eine so große Stadt, in der mehr als hundertundzwanzigtausend Menschen sind, die nicht wissen, was rechts oder links ist, dazu auch viele Tiere?

Eine immer größere Menschenmenge sammelt sich auf dem Platz. Ein Auflösen und Zusammenschließen bewegt die verschiedenen Gruppen, sie eilen den Glaswänden entlang oder rückwärts über den Platz, um eine genauere Sicht über das Schauspiel zu gewinnen. Sie schwenken die Arme, wenn ein besonders großer Teil des Wals gehoben und zerlegt wird, erstaunte Ausrufe schnellen von Gruppe zu Gruppe. Immer mehr Stimmen werden laut. Ein unruhig anschwellendes Treiben erfaßt den Platz. Jetzt haben sie den Magen zerteilt, zertrennt, flutartig stürzt das rötlich schimmernde Krill hervor. Der Darmkanal ist aufgeschnitten worden. Eine ungeheure Verpestung wogt durch die Luft. Wir weichen zurück, lachen und drängen, fluchtartig räumen alle das Zentrum und besetzen die Ränder des Schauplatzes. Aber der Geruch der Verwesung kriecht uns in die Kleiderfalten, in die Blusenöffnung, wir schütteln uns wie vor einer heranwehenden Seuche. Wir kauern uns nieder, dicht nebeneinander, wie um eine Front zu bilden, eine lebende Mauer, gegen die unerträgliche Verwesung. Mitten in den Wellen verpesteten Geruchs aber erreicht uns, erst kaum wahrnehmbar, von uns mit Ungläubigkeit und Staunen gewittert, wie aus fernen paradiesischen Meeresinseln auf einmal ein Duft, so wunderbar, daß wir aufstehen und gegen die Mitte des Platzes laufen, in Verwunderung, hin vor den zerteilten Wal. Die Ambra! Die Walfänger rufen und torkeln in ihren kniehohen Schaftstiefeln vor Begeisterung. Eine weiche, wachsartige, wohlriechende Masse ist in den Darmkanälen gefunden worden, dieses rätselhafte Konkrement, das hin und wieder mitten in den kranken Gedärmen des Wals entsteht. Die Ambra, die schon in ältesten Zeiten magische Visionen wachrief von ungeheuren Reichtümern, die von armen Leuten an verlassenen Stränden gefunden worden waren. Die Ambra, die für duftende Kerzen verwendet wurde und die begehrenswerteste Zutat für Liebestränke war.

Ein heller, fast rauschhafter Tumult hat uns erfaßt. Der Duft der Ambra wellt über uns hin, durchtränkt uns und stillt uns wie Regen in einer

Frühlingsnacht. Mitten in der Verwesung hat uns dies Unverhoffte getroffen. Es ist, als würden wir in die Bewegung eines einzigen unsichtbaren Tanzes getaucht. Eine Herrlichkeit hat uns ergriffen, als müßten wir die Kleider ausbreiten am Boden, als müßten wir Palmzweige ausstreuen, es riecht wie nach Weihrauch und Myrrhe, lacht Fabrizio. Er ist angesteckt vom Tumult. Wieder sehe ich ihn mit knallfarbigem Glanzpapier umwickelte Zuckersteine in die Luft werfen. Der Volksauflauf wächst. Maskentreiben, die Trommelwirbel brechen aus den sich öffnenden niedrigen Wirtshäusern, hinaus auf die Gassen, und dröhnen zwischen der Kirchenfassade und der Rathauswand wider. Oder donnern Kanonenschüsse über den Hauptplatz hin? Sie klirren in den Fensterscheiben nach, die silbrig starrenden Heiligen schwanken über uns und wir vergehen auf den Knien in der weißglühenden Hitze. Irgendwo, vor einem der Altäre in allen vier Himmelsrichtungen, zu hochragenden Bergen von ausschießenden Farnen, Pfingstrosen und grünbelaubten Buchenstämmen aufgerüstet, irgendwo, vor unseren Augen verflimmernd, wird die Monstranz gehoben. Ein kleiner weißer Himmelssee schwebt die Hostie in der Luft. Jetzt erhebt sich auch die Menge, wie von einem einzigen Windstoß emporgerissen, wendet sich um und fällt gegen den südlichen Altar gerichtet wieder auf die Knie. Von der Kirchenterrasse dringt wie aus einer Entrückung, dünn in der Hitze, doch unendlich wiederholend, Gesang: Tantum ergo Sacramentum Veneremur cernui Et antiquum documentum Novo cedat ritui. Aber noch ist es früh, die Fronleichnamsfahnen hängen zusammengefaltet, schlaff, in einem Kirchenwinkel. Nur langsam ragen die Altäre aus den Häuserschatten. Frühaufgestandene tragen noch weitere schwankende Buchenstämmchen herbei, rücken auf den Knien zwischen den Farnsträußen umher und zupfen die weißdurchbrochenen Altartücher zurecht. Sie bauschen die steifen Falten des niederfallenden Baldachins um die von Brokat starrende Himmelsmutter und streuen pralle Pfingstrosenblätter auf die ausgerollten Teppiche und um die schon peinlich genau zurechtgelegten Samtkissen für die Behörde. Kleine, umherflitzende, in Schweiß gebadete Knaben werden die Samtkissen einsammeln und wieder auslegen und wieder einsammeln, den schwerfällig sich erhebenden Behörden flugs unter den Knien wegziehen und in schwindelnden Stößen in die nächste Himmelsrichtung tragen, keuchend, Schweißtröpfchen prustend, den purpurfarbenen Kissenberg vor sich her balancieren und vor dem nächsten Altar niederstürzen und in rasender Eile alles wieder ausbreiten, damit die nahende Behörde gleich auf den Samt fallen kann. Wir schmachten unterdessen auf dem steinigen Pflaster, halbbetäubt vom Weihrauch und der weißglühenden Hitze, von der Endlosigkeit der Gesänge und dem erhabenen Prunk der Altäre. Aber noch ist es früh. Immer noch werden grünbelaubte Buchenstämmchen herbeigetragen und die Heiligenbilder sind noch im Schatten.

Über einem der aufgerüsteten Altäre aber hat jemand die Vorhänge vom Fenster zurückgeschoben. Die Frau mit dem niederhängenden schwarzen Haar blickt argwöhnisch auf den Platz. Sie ist in ihren langen rostroten Morgenrock gekleidet. Sie äugt auf das festlich sich rüstende Treiben hinunter, mit der dunklen gesammelten Entschlossenheit eines Tiers. Sie streicht sich die Haare aus dem Gesicht, aufatmend, in einer Art fast leichtsinnigen Feierlichkeit. Sie huscht an den Scheiben vorbei, durchs Treppenhaus hinauf und stößt die Dachluke auf. Dort steht sie, den rostroten Morgenrock lose gerafft, sie überschaut mit dunklem zurückweichendem Blick das pompöse Gedränge unter ihr.

Sie hat sich hinabgestürzt. Mitten in die ausgebreiteten Farnsträuße, die welkenden Pfingstrosen, die Pappsäulen. War es Fabrizios Mutter? War ich es selbst vor undenklicher Zeit? Aber wir leben. Wir haben das alles gesehen und wie es welkte und hinweggeräumt wurde. Wir haben den Hauptplatz verlassen und sind fortgegangen an die Peripherie. Die Glaswände schwanken. Welch durchsichtige Grenze haben wir in ihnen erkannt! Der Wal hat uns nicht verschlungen. Und wir verloren uns an keinen blindwütigen Verrat. Wir werden nicht untergehen.

Immer deutlicher heben sich die Teile des zer-
legten Wals vom heller werdenden Himmel ab.
Das Klirren der Eisenstangen, das Scheppern der
Haken ist verstummt, die Drahttaue sind losgezurrt. Die Arbeiter hocken auf den Sacktuchballen, die herbeigeströmten Massen lagern über
den ganzen Ausstellungsbezirk verstreut. Fabrizio läuft dahin und dorthin, und auch ich verliere
mich unter der Menge, und dann finden wir
wieder zusammen und drücken uns aneinander,
wir lachen, wir triumphieren. Nur die Glaswände sind stehen geblieben. Sie speichern die
Überreste der Nacht, die letzten Schatten des
gigantischen Tiers, und die zaghaft drängende
doch unaufhaltsam hochklimmende Helle über
dem Berghang. Und als von seinen finster bewaldeten Kuppen die ersten blendenden Licht-
bahnen schräg über den Platz fallen, machen
Fabrizio und ich uns auf. Auf einer weiß vor uns
aufrollenden sausenden Fläche gehen wir in die
kommende Zeit.

# Inhalt

# Alphabetisches Gesamtverzeichnis
## der suhrkamp taschenbücher

1/16/8.86